国家出版基金项目
NATIONAL PUBLICATION FOUNDATION

中宣部2022年主题出版重点出版物

“十四五”国家重点图书出版规划项目

纪录小康工程

全面建成小康社会

西藏影像记

XIZANG YINGXIANGJI

本书编写组 编

西藏人民出版社

总序

发向着全面建成社会主义现代化强国的第二个百年奋斗目标迈进。”

这是中华民族、中国人民、中国共产党的伟大光荣！这是百姓的福祉、国家的进步、民族的骄傲！

全面小康，让梦想的阳光照进现实、照亮生活。从推翻“三座大山”到“人民当家作主”，从“小康之家”到“小康社会”，从“总体小康”到“全面小康”，从“全面建设”到“全面建成”，中国人民牢牢把命运掌握在自己手上，人民群众的生活越来越红火。“人民对美好生活的向往，就是我们的奋斗目标。”在习近平总书记坚强领导、亲自指挥下，我国脱贫攻坚取得重大历史性成就，现行标准下9899万农村贫困人口全部脱贫，建成世界上规模最大的社会保障体系，居民人均预期寿命提高到78.2岁，人民精神文化生活极大丰富，生态环境得到明显改善，公平正义的阳光普照大地。今天的中国人民，生活殷实、安居乐业，获得感、幸福感、安全感显著增强，道路自信、理论自信、制度自信、文化自信更加坚定，对创造更加美好的生活充满信心。

全面小康，让社会主义中国焕发出蓬勃生机活力。经过长期努力特别是党的十八大以来伟大实践，我国经济实力、科技实力、国防实力、综合国力跃上新的大台阶，成为世界第二大经济体、第一大工业国、第一大货物贸易国、第一大外汇储备国，国内生产总值从1952年的679亿元跃升至2021年的114万亿元，人均国内生产总值从1952年的几十美元跃升至2021年的超过1.2万美元。把握新发展阶段、贯彻新发展理念、构建新发展格局、推动高质量发展，全面建设社会主义现代化国家，我们的物质基础、制度基础更加坚实、更加牢靠。全面建成小康社会的伟大成就充分说明，在中华大地上生气勃勃的创造性的社会主义实践造福了人民、改变了中国、影响了时代，世界范围内社会主义和资本主义两种社会制度的历史演进及其较量发生了有利于社会主义的重大转变，社会主义制度优势得到极大彰显，中国特色社会主义道路越走越宽广。

全面小康，让中华民族自信自强屹立于世界民族之林。中华民族有五千多年的文明历史，创造了灿烂的中华文明，为人类文明进步作出了卓越贡献。近代以来，中华民族遭受的苦难之重、付出的牺牲之大，世所罕见。中国共产党带领中国人民从沉沦中觉醒、从灾难中奋起，前赴后继、百折不挠，战胜各种艰难险阻，取得一个个伟大胜利，创造一个个发展奇迹，用鲜血和汗水书写了中华民族几千年历史上最恢宏的史诗。全面建成小康社会，见证了中华民族强大的创造力、坚韧力、爆发力，见证了中华民族自信自强、守正创新精神气质的锻造与激扬，实现中华民族伟大复兴有了更为主动的精神力量，进入不可逆转的历史进程。今天，我们比历史上任何时期都更接近、更有信心和能力实现中华民族伟大复兴的目标，中国人民的志气、骨气、底气极大增强，奋进新征程、建功新时代有着前所未有的历史主动精神、历史创造精神。

全面小康，在人类社会发展史上写就了不可磨灭的光辉篇章。中华民族素有和合共生、兼济天下的价值追求，中国共产党立志于为人类谋进步、为世界谋大同。中国的发展，使世界五分

总序

之一的人口整体摆脱贫困，提前十年实现联合国 2030 年可持续发展议程确定的目标，谱写了彪炳世界发展史的减贫奇迹，创造了中国式现代化道路与人类文明新形态。这份光荣的胜利，属于中国，也属于世界。事实雄辩地证明，人类通往美好生活的道路不止一条，各国实现现代化的道路不止一条。全面建成小康社会的中国，始终站在历史正确的一边，站在人类进步的一边，国际影响力、感召力、塑造力显著提升，负责任大国形象充分彰显，以更加开放包容的姿态拥抱世界，必将为推动构建人类命运共同体、弘扬全人类共同价值、建设更加美好的世界作出新的更大贡献。

回望全面建成小康社会的历史，伟大历程何其艰苦卓绝，伟大胜利何其光辉炳耀，伟大精神何其气壮山河！

这是中华民族发展史上矗立起的又一座历史丰碑、精神丰碑！这座丰碑，凝结着中国共产党人矢志不渝的坚持坚守、博大深沉的情怀胸襟，辉映着科学理论的思想穿透力、时代引领力、实践推动力，镌刻着中国人民的奋发奋斗、牺牲奉献，彰显着中国特色社会主义制度的强大生命力、显著优越性。

因为感动，所以纪录；因为壮丽，所以丰厚。恢宏的历史伟业，必将留下深沉的历史印记，竖起闪耀的历史地标。

中央宣传部牵头，中央有关部门和宣传文化单位，省、市、县各级宣传部门共同参与组织实施“纪录小康工程”，以为民族复兴修史、为伟大时代立传为宗旨，以“存史资政、教化育人”为目的，形成了数据库、大事记、系列丛书和主题纪录片 4 方面主要成果。目前已建成内容全面、分类有序的 4 级数据库，编纂完成各级各类全面小康、脱贫攻坚大事记，出版“纪录小康工程”丛书，摄制完成纪录片《纪录小康》。

“纪录小康工程”丛书包括中央系列和地方系列。中央系列分为“擘画领航”“经天纬地”“航海梯山”“踔厉奋发”“彪炳史册”5 个主题，由中央有关部门精选内容组织编撰；地方系列分为“全景录”“大事记”“变迁志”“奋斗者”“影像记”5 个板块，由各省（区、市）和新疆生产建设兵团结合各地实际情况推出主题图书。丛书忠实纪录习近平总书记的小康情怀、扶贫足迹，反映党中央关于全面建成小康社会重大决策、重大部署的历史过程，展现通过不懈奋斗取得全面建成小康社会伟大胜利的光辉历程，讲述在决战脱贫攻坚、决胜全面小康进程中涌现的先进个人、先进集体和典型事迹，揭示辉煌成就和历史巨变背后的制度优势和经验启示。这是对全面建成小康社会伟大成就的历史巡礼，是对中国共产党和中国人民奋斗精神的深情礼赞。

历史昭示未来，明天更加美好。全面建成小康社会，带给中国人民的是温暖、是力量、是坚定、是信心。让我们时时回望小康历程，深入学习贯彻习近平新时代中国特色社会主义思想，深刻理解中国共产党为什么能、马克思主义为什么行、中国特色社会主义为什么好，深刻把握“两个确立”的决定性意义，增强“四个意识”、坚定“四个自信”、做到“两个维护”，以坚如磐石的定力、敢打必胜的信念，集中精力办好自己的事情，向着实现第二个百年奋斗目标、创造中国人民更加幸福美好生活勇毅前行。

目录
Contents

历史巨变

LISHIJUBIAN

在西藏和平解放、民主改革、自治区成立、改革开放的各个历史时期，一代代共产党人不忘初心、牢记使命，团结带领西藏各族人民，全心全意为西藏谋发展，为西藏人民谋幸福。百万翻身农奴和他们的后代迸发出无穷创造伟力，投入到建设新西藏、创造新生活的伟大实践中。在党中央的特殊关怀下，在全国人民的无私支援下，西藏各族人民艰苦奋斗，现代化建设热火朝天，创造了“短短几十年、跨越上千年”的人间奇迹。

第一单元 中央关心

回首西藏和平解放 70 年的历史脚步，在西藏发展稳定的每一个关键时刻，都离不开党中央的深情关切和全国人民的大力支持。正是在党中央亲切关怀、全国人民大力支持和西藏各族干部群众不懈努力下，西藏迎来了一个又一个黄金发展期，取得了短短几十年、跨越上千年的辉煌成就。

ZHONGYANGGUANXIN

中华人民共和国万岁
世界人民大团结万岁
庆祝西藏和平解放七十周年
བོད་ཞི་བས་བཅིངས་འགྲོལ་བཏང་ནས་ལོ་ངོ་བདུན་ཅུ་འཁོར་བར་རྗེས་འབྲེལ་ཞུ།
中央代表团赠
ཀྲུང་དབྱང་སྐུ་ཚབ་ཚོགས་པས་བསྩལ།
二〇二一年八月
༢༠༢༡ལོའི་ཟླ་༨པར།

1951 年 5 月，毛泽东同志与阿沛·阿旺晋美亲切交谈。

1959年5月15日，邓小平同志接见第十世班禅额尔德尼·确吉坚赞。

1990 年 7 月 20 日至 26 日，江泽民同志亲临西藏视察工作，关心西藏各族人民的生产生活。

2001 年 7 月 17 日至 24 日，胡锦涛同志率中央代表团参加西藏和平解放 50 周年庆祝活动。

2021 年 7 月 21 日至 23 日，中共中央总书记、国家主席、中央军委主席习近平来到西藏，祝贺西藏和平解放 70 周年，看望慰问西藏各族干部群众。这是 21 日下午，习近平在林芝市工布公园考察时，向当地群众和游客挥手致意。

加强民族团结，建设美丽西藏。

——习近平

做好西藏工作，事关全面建设小康社会全局，事关中华民族长远生存发展，事关国家安全和领土完整，事关我国国家形象和国际环境。

——胡锦涛

决不能让西藏从祖国分裂出去，也决不能让西藏长期处于落后状态。

——江泽民

关键是看怎样对西藏人民有利，怎样才能使西藏很快发展起来，在中国四个现代化建设中走进前列。

——邓小平

必须同时坚决地放手发动群众，实行民主改革，以便彻底解放藏族人民群众，引导西藏地区走上社会主义的道路，并从根本上消除叛国分裂活动的根源。

——毛泽东

党中央历来高度重视西藏工作、亲切关怀西藏人民，在每个重要和关键的历史节点都会对西藏工作进行研究和谋划，从顶层设计和战略选择上为西藏提出明确要求。从 1980 年到 2020 年，在短短 40 年里，中央先后召开七次西藏工作座谈会，从西藏实际出发，制定和实施了一系列特殊扶持政策，为西藏的长治久安和高质量发展注入了强大动力，是做好新时期西藏工作的重要法宝，具有里程碑的重要意义。

第一次西藏工作座谈会

1980 年 3 月，中央召开第一次西藏工作座谈会，提出建设团结、富裕、文明的社会主义新西藏的奋斗目标。

目标：加强团结，千方百计发展国民经济，提高各族人民的物质生活水平和文化科学水平，建设边疆，巩固边防，使西藏兴旺发达、繁荣富裕起来。

发展重点：发展工业、交通运输业、商业、民族贸易和对外贸易，文教卫生事业共同发展。

政策措施

尊重生产队自主权，多劳多得。

民族：密切各族人民关系，既要着重反对大汉族主义，也要防止地方民族主义。

宗教：既要尊重信教群众的正常宗教生活，又要积极对他们进行思想政治工作和科学文化教育。

人：纠正、解决冤假错案和历史遗留问题，巩固和发展革命的爱国统一战线。

坚持和改善党的领导： 坚持“任人唯贤”，坚持实践是检验真理的唯一标准；精简机构、转变作风，克服主观主义、官僚主义、瞎指挥、一刀切。

进藏同志： 要树立长期建藏思想，为各族人民服务；提高军政素质，打击国内外敌人的破坏和捣乱。

中央召开第一次西藏工作座谈会后，国家从上海、天津、四川、云南等省市向西藏调运了砖茶、丝绸等大批民族特需商品。图为援藏物资到格尔木待运的情景。

第二次西藏工作座谈会

1984 年 2 月至 3 月，中央召开第二次西藏工作座谈会，制定“土地归户使用，自主经营，长期不变”“牲畜归户、私有私养、长期不变”等特殊优惠政策，确定援助西藏建设 43 项工程。

1985 年 6 月，正在修建的西藏体育馆。

实行了“土地归户使用，自主经营，长期不变”的政策，农民们生产积极性大大提高。图为两位藏族姑娘从自家的土地上背回丰收的青稞。

第三次西藏工作座谈会

1994 年 7 月，中央召开第三次西藏工作座谈会，作出“对口支援、分片负责、定期轮换”的重大决策，确定援助西藏建设 62 项工程。

目标

1、把潜在的资源优势逐渐变为现实的经济优势。
2、到 2000 年国民生产总值比 1993 年翻一番。
3、国民经济平均增长 10%。

发展重点

农业

基础产业和设施。特别重视教育、科技、文化、卫生等各项事业的发展。

政策措施

民族宗教问题：欢迎并促进藏汉及其他民族之间相互帮助，相互依存，共同进步。宗教信仰自由，保护正当的宗教活动，鼓励僧侣多为社会主义建设出力。

党政建设：建设基层党组织，培养一批德才兼备的藏族干部。

援藏工作：从人才、资金、技术、物资等多方面进行支援，抓好 62 个建设项目的落实，各省区市和 6 个计划单列市承担援藏建设任务。

62 项工程之一的申扎县甲岗水电站

62 项工程之一的藏西北绒山羊生产基地 1995 年 8 月开工。项目总投资 800 万元，在阿里地区日土县和那曲地区尼玛县分别建立了藏绒山羊原种场。

第四次西藏工作座谈会

2001 年 6 月，中央召开第四次西藏工作座谈会，提出促进西藏跨越式发展和长治久安的目标，确定实施总投资 312 亿元的 117 个项目。

目标 抓住西部大开发战略机遇，促进西藏经济跨越式发展、社会局势长治久安。

发展重点

- 加快经济发展：把国家对西藏的投入同实现各族群众的根本利益结合起来。
- 保持社会稳定：打击利用宗教进行的分裂犯罪活动，引导藏传佛教与社会主义社会相适应。
- 加强党的建设：按照“三个代表”要求，发扬“老西藏精神”。

政策措施

1、增加投入、实行优惠政策和对口支援。
2、加强基础设施建设，农牧业综合开发，把旅游业作为支柱产业，实施“科教兴藏”战略。

2005 年 8 月 26 日，拉萨至贡嘎机场的“两桥一隧”工程正式竣工通车。“两桥一隧”的正式通车，使拉萨至贡嘎机场的距离缩短了 34 公里。

拉萨火车站

第五次西藏工作座谈会

2010 年 1 月，中央第五次西藏工作座谈会明确了“两件大事、四个确保”的西藏工作指导思想，确定了总投资 1378 亿元的 180 个重点项目（实际实施 188 个）。

目标

到 2015 年

农牧民人均纯收入与全国平均水平的差距显著缩小，基本公共服务能力提高，生态环境进一步改善，基础设施建设取得重大进展，全面建设小康社会的基础更加扎实。

到 2020 年

农牧民人均纯收入接近全国平均水平，人民生活水平全面提升，基本公共服务能力接近全国平均水平，基础设施条件全面改善，生态安全屏障建设取得明显成效，自我发展能力明显增强，社会更加和谐稳定，确保实现全面建设小康社会的奋斗目标。

发展重点

推进经济建设

保障民生

坚持和完善党的民族理论和政策

政策措施

1、“收入全留、补助递增、专项扶持”的财政政策，“税制一致、适当变通”的税收政策，优惠贷款利率和利差补贴的金融政策。

2、扩大专项投资规模，加大人才培养力度，落实西藏干部职工特殊工资政策，加大对口支援力度。

墨脱公路达国大桥

位于林芝市的老虎嘴水电站，总投资12.88 亿元，于 2011 年 6 月正式竣工发电。

第六次西藏工作座谈会

2015 年 8 月，中央召开第六次西藏工作座谈会，首次阐述了党的治藏方略，提出“依法治藏、富民兴藏、长期建藏、凝聚人心、夯实基础”的重要原则。

党的治藏方略

1. 必须坚持中国共产党领导，坚持社会主义制度，坚持民族区域自治制度；
2. 必须坚持治国必治边、治边先稳藏的战略思想，坚持依法治藏、富民兴藏、长期建藏、凝聚人心、夯实基础的重要原则；
3. 必须牢牢把握西藏社会的主要矛盾和特殊矛盾，把改善民生、凝聚人心作为经济社会发展的出发点和落脚点，坚持对达赖集团斗争的方针政策不动摇；
4. 必须全面正确贯彻党的民族政策和宗教政策，加强民族团结，不断增进各族群众对伟大祖国、中华民族、中华文化、中国共产党、中国特色社会主义的认同；
5. 必须把中央关心、全国支援同西藏各族干部群众艰苦奋斗紧密结合起来，在统筹国内国际两个大局中做好西藏工作；
6. 必须加强各级党组织和干部人才队伍建设，巩固党在西藏的执政基础。

十八大以后党中央提出的西藏工作重要原则

- 依法治藏
- 富民兴藏
- 长期建藏
- 凝聚人心
- 夯实基础

日喀则市亚东县三岗新村

第七次西藏工作座谈会

2020 年 8 月，中央召开第七次西藏工作座谈会，科学谋划西藏未来发展的根本方向、战略部署、大政方针、行动纲领，描绘了下一步西藏发展进步的“总蓝图”和“总纲领”，为西藏全面建设社会主义现代化指明了前进方向、注入了强大动力，必将开创新时代西藏高质量发展新局面。

目标

确保国家安全和长治久安，确保人民生活水平不断提高，确保生态环境良好，确保边防巩固和边境安全，努力建设团结富裕文明和谐美丽的社会主义现代化新西藏。

发展重点

西藏工作必须坚持以维护祖国统一、加强民族团结为着眼点和着力点，必须把改善民生、凝聚人心作为经济社会发展的出发点和落脚点。

四件大事

发展 稳定 生态 强边

新时代党的治藏方略

在新的时代，如何做好西藏工作，习近平总书记提出“十个必须”：

——必须坚持中国共产党领导、中国特色社会主义制度、民族区域自治制度；
——必须坚持治国必治边、治边先稳藏的战略思想；
——必须把维护祖国统一、加强民族团结作为西藏工作的着眼点和着力点；
——必须坚持依法治藏、富民兴藏、长期建藏、凝聚人心、夯实基础的重要原则；
——必须统筹国内国际两个大局；
——必须把改善民生、凝聚人心作为经济社会发展的出发点和落脚点；
——必须促进各民族交往交流交融；
——必须坚持我国宗教中国化方向、依法管理宗教事务；
——必须坚持生态保护第一；
——必须加强党的建设特别是政治建设。

三个“赋予”一个“有利于”

所有发展都要赋予民族团结进步的意义，都要赋予维护统一、反对分裂的意义，都要赋予改善民生、凝聚人心的意义，都要有利于提升各族群众获得感、幸福感、安全感。

图为即将投入使用的拉萨贡嘎机场 T3 航站楼

川藏铁路拉萨至林芝段开通运营

第二单元 全国支援

1994 年中央召开第三次西藏工作座谈会，作出了全国对口支援西藏的战略决策，提出“分片负责、对口支援、定期轮换”的援藏方针和“长期支援、自行轮换”的干部援助方式，自此开启了中央与全国各兄弟省市长期对口支援、帮助西藏发展的历程。2001 年召开的第四次西藏工作座谈会，作出了对口援藏工作在原定 10 年的基础上，再延长 10 年的决定，把西藏所有县（市）、区全部纳入对口支援范围；2010 年 1 月 18 日，中央第五次西藏工作座谈会，进一步明确了援藏资金稳定增长机制，规定对口支援省市年度援藏投资实物工作量，并将中央援藏政策延长至 2020 年；2020 年 8 月，习近平总书记在中央第七次西藏工作座谈会上强调，中央支持西藏、全国支援西藏，是党中央的一贯政策，必须长期坚持，认真总结经验，开创援藏工作新局面。

援藏资金建设的西藏人民会堂

援藏资金建设的西藏体育馆

援藏资金建设的西藏博物馆

援藏资金建设的泽当饭店

援藏资金建设的日喀则山东大厦

援藏资金建设的拉萨北京中学

援藏干部的楷模——孔繁森（左一）

援藏干部王齐荣（左五）在西藏大学给学生们讲授建筑实验课

援藏干部李海红（左三）在基层调研农牧区发展情况

党的十八大以来，以习近平同志为核心的党中央深情关怀西藏民生，针对西藏发展实际，**作出开展医疗人才、教育人才“组团式”援藏工作的重大决策。**

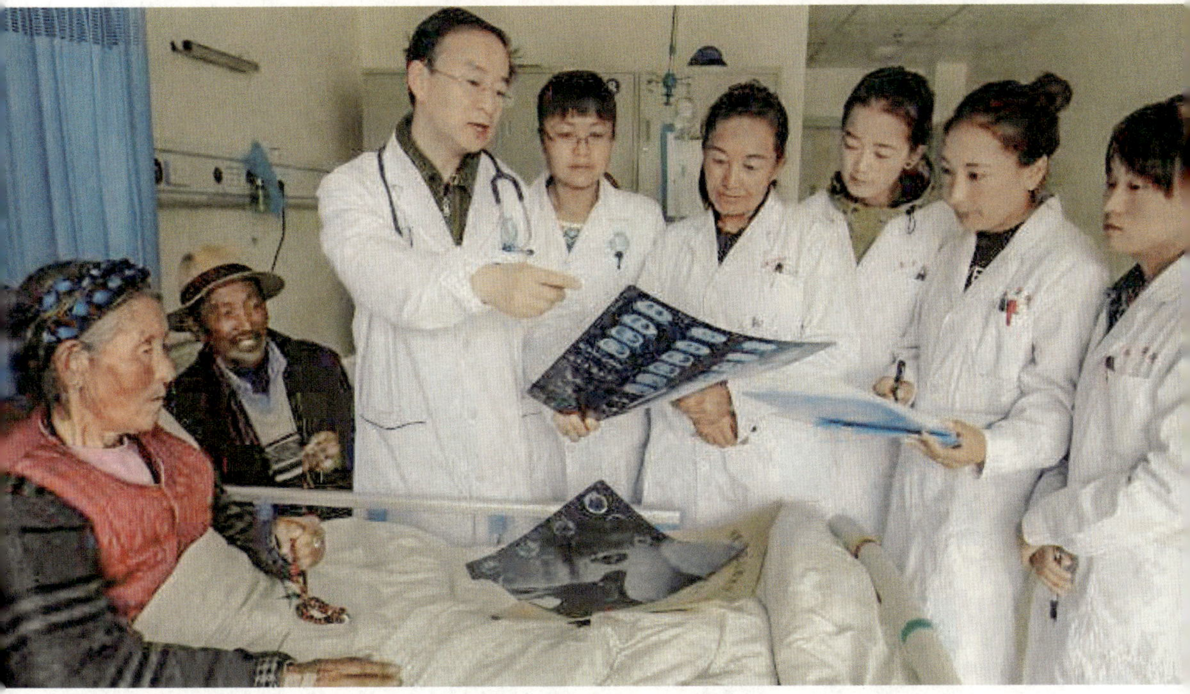

医疗人才“组团式”援藏专家在给西藏农牧民会诊

吉林省"组团式"援藏教师抵达西藏，即将奔赴各地开展援藏工作。

广东省援藏干部魏益文（左三）跟林芝市巴宜区小学的孩子们在一起

广东援藏干部黄南荫（右）与珞巴族老阿妈亚加在一起

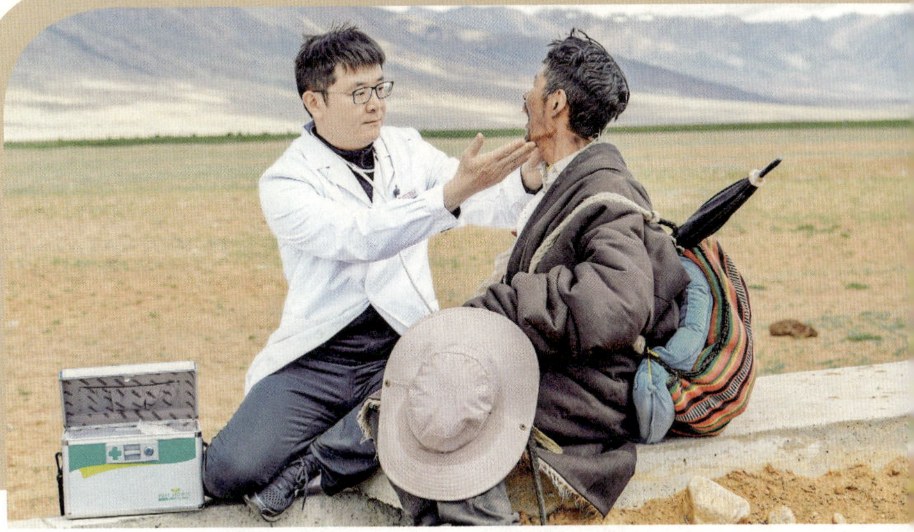

北京援藏医生王克明（左）在西藏当雄县格达乡格达村牧场为牧民义诊

第三单元 建设社会主义新西藏

西藏和平解放以来，高原各族儿女团结在中国共产党的光辉旗帜下，以战天斗地的激情建设社会主义新西藏，全区各地掀起了农业大生产、工业大发展、交通大建设、城乡面貌大改善的热潮，推动了经济社会快速发展，带来了翻天覆地新变化。

JIANSHE SHEHUIZHUYIXINXIZANG

1954 年 12 月 25 日，拉萨各族人民热烈欢庆川藏、青藏公路通车。

毛泽东主席为公路通车题词：“庆祝康藏、青藏两公路的通车，巩固各族人民的团结，建设祖国！”

1951 年 3 月，西藏建立第一所小学——昌都小学，图为开学合影。

1956 年北京—拉萨航线试航成功，西藏第一座机场当雄机场竣工。

1956 年 4 月 22 日，西藏第一份现代报纸《西藏日报》（藏汉文版）创刊。1956 年 8 月，毛泽东主席亲自题写报头。

1959 年 1 月 1 日，西藏人民广播电台开播。1960 年 11 月 8 日，西藏人民广播电台正式用藏、汉两种语言播音。

1958 年西藏第一个专业文艺团体——西藏歌舞团组建，标志着西藏专业的歌舞艺术队伍从无到有，不断发展壮大。图为《洗衣歌》剧照。

1959 年 4 月 8 日，山南地区乃东县人民政府正式成立，这是西藏地区第一个属于人民自己的县级政权组织。

分得土地的农民，学习科学种田、发展生产。

西藏第一代女拖拉机手

1961 年建成的拉萨水泥厂，为西藏生产第一批水泥。

1956 年，装机总容量 660 千瓦的夺底电站第一台机组发电。1960 年，纳金水电站建成发电，拉萨市民首次用上了电灯。

上世纪 70 年代建成的虎头山水库

当时货物齐全的拉萨民族手工艺品公司

1960 年 5 月 31 日，西藏第一座钢铁厂动工修建。

1961 年建成的机械修配厂，是一家从事机械配件制造和汽车、柴油机械修理的专业工厂。

1960 年 5 月 25 日 4 时 20 分，中国登山队员王富洲、屈银华和贡布成功登上世界最高峰珠穆朗玛峰，在人类登山探险史上写下了光辉的一页。图为登山队员向珠峰行进。

扎根于牧区的兽医龚达希（右二）向当雄县的藏族民间兽医传授注射技术。

驻阿里地区部队的医务工作者，深入农村为藏族人民看病。

拉萨农民热火朝天的丰收场景

1985 年，西藏电视台成立。

1985 年，西藏大学成立。

第一条铁路——青藏铁路

西藏第一座立交桥——柳梧立交桥

2011 年 7 月，拉萨至贡嘎机场高等级公路建成通车，这是西藏第一条高等级公路。

拉萨万达广场

拉萨洲际酒店

LASA

拉萨城区

CHENGQU

日喀则城区

昌都城区

林芝城区

山南城区

阿里城区

那曲城区

新时代新西藏

XINSHIDAIXINXIZANG

党的十八大以来，全区各族干部群众紧密团结在以习近平同志为核心的党中央周围，坚持以习近平新时代中国特色社会主义思想为指导，坚定不移贯彻习近平总书记西藏工作重要论述和党中央决策部署，开拓创新、感恩奋进，推动各项事业蒸蒸日上、全面进步。特别是中央第六次西藏工作座谈会以来，在党中央坚强领导下，在全国人民大力支持下，西藏各族干部群众团结一心、艰苦奋斗，解决了许多长期想解决而没有解决的难题，办成了许多过去想办而没有办成的大事，推动各项事业取得全方位进步、历史性成就。

第四单元 习近平总书记与西藏各族人民心连心

习近平总书记高度重视西藏工作，深情关怀西藏各族人民，亲自研究西藏经济社会发展和长治久安大计，亲自确定了一系列支持西藏经济社会发展的重大项目，亲自制定了一系列惠及西藏各族干部群众的特殊优惠政策。

2021 年 7 月 21 日至 23 日，在庆祝西藏和平解放 70 周年之际，中共中央总书记、国家主席、中央军委主席习近平来到西藏，祝贺西藏和平解放 70 周年，看望慰问西藏各族干部群众，给各族干部群众送去党中央的关怀。习近平作为中共中央总书记、国家主席、中央军委主席到西藏庆祝西藏和平解放，在党和国家历史上是第一次，充分表达了党中央对西藏工作的支持、对西藏各族干部群众的关怀。

XIJINPINGZONGSHUJIYU
XIZANGGEZURENMINXINLIANXIN

西藏和平解放70周年

2021年7月21日至23日，中共中央总书记、国家主席、中央军委主席习近平来到西藏，祝贺西藏和平解放70周年，看望慰问西藏各族干部群众。这是22日下午，习近平在布达拉宫广场考察时，向游客和当地群众挥手致意。

2011 年 7 月，习近平同志来到西藏大学新校区，看望慰问西藏大学广大师生，并与师生亲切交谈。

2015年8月24日至25日，中央第六次西藏工作座谈会在北京召开。中共中央总书记、国家主席、中央军委主席习近平发表重要讲话，提出“六个必须”的治藏方略和20字西藏工作重要原则。

2021 年 8 月 19 日上午，庆祝西藏和平解放 70 周年大会在拉萨隆重举行。中共中央政治局常委、全国政协主席、中央代表团团长汪洋向西藏自治区赠送习近平总书记题词的“建设美丽幸福西藏 共圆伟大复兴梦想”贺匾。

2021 年 7 月 21 日至 23 日，中共中央总书记、国家主席、中央军委主席习近平来到西藏，祝贺西藏和平解放 70 周年，看望慰问西藏各族干部群众。这是 22 日下午，习近平在考察位于拉萨市老城区的八廓街时，向各族群众挥手致意。

中国共产党中央委员会

今年是川藏、青藏公路建成通车60周年。这两条公路的建成通车，是在党的领导下新中国取得的重大成就，对推动西藏实现社会制度历史性跨越、经济社会快速发展，对巩固西南边疆、促进民族团结进步发挥了十分重要的作用。当年，10多万军民在极其艰苦的条件下团结奋斗，创造了世界公路史上的奇迹，结束了西藏没有公路的历史。60年来，在建设和养护公路的过程中，形成和发扬了一不怕苦、二不怕死，顽强拼搏、甘当路石，军民一家、民族团结的“两路”精神。新形势下，要继续弘扬“两路”精神，养好两路，保障畅通，使川藏、青藏公路始终成为民族团结之路、西藏文明进步之路、西藏各族同胞共同富裕之路。

习近平

2014年8月6日

2014 年 8 月，中共中央总书记、国家主席、中央军委主席习近平就川藏、青藏公路通车 60 周年作出重要批示。

中国共产党中央委员会

贺　信

中国科学院青藏高原综合科学考察研究队：

值此第二次青藏高原综合科学考察研究启动之际，我向参加科学考察的全体科研人员、青年学生和保障人员，表示热烈的祝贺和诚挚的问候！青藏高原是世界屋脊、亚洲水塔，是地球第三极，是我国重要的生态安全屏障、战略资源储备基地，是中华民族特色文化的重要保护地。开展这次科学考察研究，揭示青藏高原环境变化机理，优化生态安全屏障体系，对推动青藏高原可持续发展、推进国家生态文明建设、促进全球生态环境保护将产生十分重要的影响。希望你们发扬老一辈科学家艰苦奋斗、团结奋进、勇攀高峰的精神，聚焦水、生态、人类活动，着力解决青藏高原资源环境承载力、

中国共产党中央委员会

灾害风险、绿色发展途径等方面的问题，为守护好世界上最后一方净土、建设美丽的青藏高原作出新贡献，让青藏高原各族群众生活更加幸福安康。

习近平

2017年 8月19日

2017 年 8 月 19 日，习近平总书记向中国科学院青藏高原综合科学考察研究队致贺信。

中国共产党中央委员会

卓嘎、央宗同志：

你们好!看了来信，我很感动。在海拔3600多米、每年大雪封山半年多的边境高原上，你们父女两代人几十年如一日，默默守护祖国的领土，这种精神令人钦佩。我向你们、向所有长期为守边固边忠诚奉献的同志，表示崇高的敬意和衷心的感谢。

家是玉麦，国是中国，放牧守边是职责，你们这些话说得真好。有国才能有家，没有国境的安宁，就没有万家的平安。祖国疆域上的一草一木，我们都要看守好。希望你们继续传承爱国守边的精神，带动更多牧民群众像格桑花一样扎根在雪域边陲，做神圣国土的守护者、幸福家园的建设者。

十九大刚刚召开，党将带领各族群众创造更加美好的生活。我相信，在大家的共同努力下，玉麦这个曾经的“三人乡”，一定能建成幸福、美丽的小康乡，乡亲们的日子也一定会越过越红火!

习近平

2017年10月28日

2017 年 10 月 28 日，习近平总书记给隆子县玉麦乡牧民卓嘎、央宗姐妹回信。

中国共产党中央委员会

贺信

值此西藏民族大学建校60周年之际，我代表党中央，并以我个人的名义，向全校广大师生员工和校友致以热烈的祝贺!

西藏民族大学建校以来，贯彻党的教育方针，坚持正确办学方向，坚持立德树人，为党和人民、为西藏各项事业发展培养了一大批优秀干部和专业技术人才。西藏民族大学60年来取得的成绩，是在党的领导下西藏各项事业蓬勃发展、西藏各族人民生活不断改善的生动体现。

站在新的历史起点上，希望你们全面贯彻落实新时代中国特色社会主义思想和党的十九大精神，紧紧围绕培养什么样的人、怎么培养人、为谁培养人这一根本问题，培育和弘扬社会主义核心价值观，提高教育教学水平，贯彻党的民族政策和宗教政策，加强民族团结进步教育，传承中华优秀传统文化，自觉维护民族团结，全面推进

中国共产党中央委员会

学校各项工作，努力培养德智体美劳全面发展的社会主义建设者和接班人，为推动西藏经济社会发展，为实现“两个一百年”奋斗目标、实现中华民族伟大复兴的中国梦作出新的更大贡献。

习近平

2018年10月15日

2018 年 10 月 15 日，习近平总书记致西藏民族大学建校 60 周年贺信。

中国共产党中央委员会

西藏大学医学院2015级临床医学专业的同学们:

你们好！来信收到了，得知你们17名同学在北京进行临床实习期间，既锻炼了临床基本功，也坚定了献身西藏医疗卫生事业的信念，我很欣慰。

医生是人民健康的守护者。在这次新冠肺炎疫情防控斗争中，军地广大医务工作者冲锋在前、英勇奋战，用行动诠释了白衣天使救死扶伤的崇高精神。我相信，你们一定会以他们为榜样，努力做党和人民信赖的好医生。希望你们珍惜学习时光，练就过硬本领，毕业后到人民最需要的地方去。以仁心仁术造福人民特别是基层群众。

藏历新年就要到了，我向你们以及藏区各族群众致以节日的问候和美好的祝愿!

习近平

2020年2月21日

2020 年 2 月 21 日，中共中央总书记、国家主席、中央军委主席习近平给正在北京大学首钢医院实习的西藏大学医学院学生回信。

第五单元　和谐稳定

西藏自治区党委、政府始终牢记习近平总书记关于“西藏工作的着眼点和着力点必须放到维护祖国统一、加强民族团结上来”的重要指示，牢固树立稳定压倒一切的思想，坚持以防患于未然为原则做工作、以防止出大事打基础做准备、以敢于担当落实责任为标准看干部，抓重点、抓关键、抓薄弱环节，确保社会大局持续稳定、长期稳定、全面稳定。

HEXIEWENDING

拉萨各族群众喜迎藏历新年

自治区检察院干警在拉萨街头开展教育整顿“为民办实事”活动，为群众提供法律服务。

把深入开展对达赖集团斗争作为硬任务，深入揭批十四世达赖政治上的反动性、宗教上的虚伪性、手法上的欺骗性，各族干部群众自觉与十四世达赖和达赖集团划清界限。图为西藏自治区暨拉萨市维稳力量誓师动员大会。

推进治理体系和治理能力现代化，深化网格化管理，在全区各市地所在地和所有县城建设便民警务站，推动社会治理由“要我稳定”向“我要稳定”转变。图为布达拉宫广场便民警务站。

深入开展扫黑除恶专项斗争，深挖严打受达赖集团操控的黑恶势力，推动扫黑除恶与反分裂斗争一体推进。图为扫黑除恶演习训练。

强化新兴媒体管理和意识形态安全，在全国率先实行固定电话、手机、网络、微博真实身份登记，落实网吧酒店等公共场所上网实名制。

加强重点地区和重点部位管控，力争没有盲区、没有缝隙、没有空白点。图为青藏铁路护路队员在执勤。

从 2011 年开始每年选派 2 万多名干部进驻 5464 个村（居），开展建强基层组织、维护社会稳定、拓宽致富门路、开展感觉恩教育、办实事解难事等重点任务。图为驻村干部向群众宣讲党的富民政策。

拉萨市城关区巴朗学社区民族和谐大院

志愿者们来到拉萨市特殊教育学校，为孩子们送去关心和温暖。

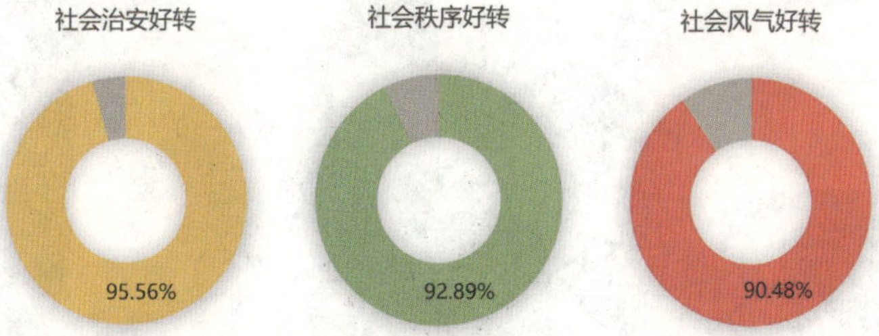

三项指标分别比全国平均数高10.59%、13.29%、9.51%，排在全国前列，群众安全感满意度连续三年在99%以上。

坚持专群结合、群防群治，不断完善党委领导、各部门齐抓共管、党政军警民协调联动的维护政治安全工作体制机制，连续5年全区无重大政治性、群体性事件和暴力恐怖案件。图为2020年西藏群众安全感调查。

民警在便民服务点给藏族老阿妈倒热水

拉萨市城关区俄杰塘社区居委会牢记为民宗旨，着力解决与群众密切相关的实际问题。

拉萨市楚布寺管委会驻寺干部与僧人亲切交谈

昌都市强巴林寺僧人热烈庆祝中华人民共和国成立 70 周年

拉萨市民族大院

拉萨市纳如大地幼儿园的孩子讲述五星红旗的故事

第六单元　巨大发展

JUDAFAZHAN

牢记习近平总书记关于“发展是解决西藏所有问题的关键”的重要指示，我区坚持用新发展理念统领发展全局，坚持“三个赋予一个有利于”，以供给侧结构性改革为主线，以正确处理好“十三对关系”为工作方法，着力补齐经济社会发展短板，着力破除体制机制障碍，着力优化产业结构布局，着力培育内生发展动力，推动经济发展提质增效、社会事业全面进步，让各族群众更好共享改革发展成果。

70 年来，西藏产业结构不断优化，动能转换进一步显现，高质量发展势头强劲。紧紧围绕高原生物产业、旅游文化产业、清洁能源产业、绿色工业、现代服务业、高新数字产业、边贸物流业“七大产业”，积极实施产业基础再造工程，打好产业基础高级化、产业链现代化攻坚战。

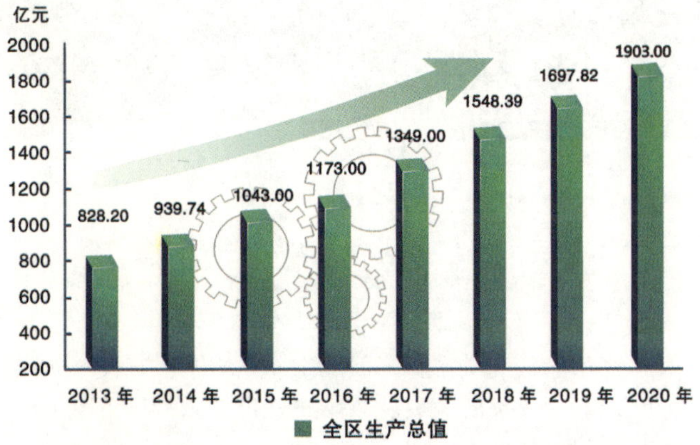

2013—2020年全区生产总值及其增长速度

着力培育“七大产业”。加快产业结构优化升级，构建绿色环保、特色鲜明、优势突出、可持续发展的现代产业体系。图为欣欣向荣的现代农业产业园。

琼结县农民高兴地数着自己的分红

曲水县才纳乡净土新品种种植示范园内，几位才纳乡的农民正在种植玛咖。

加快现代畜牧业示范基地建设

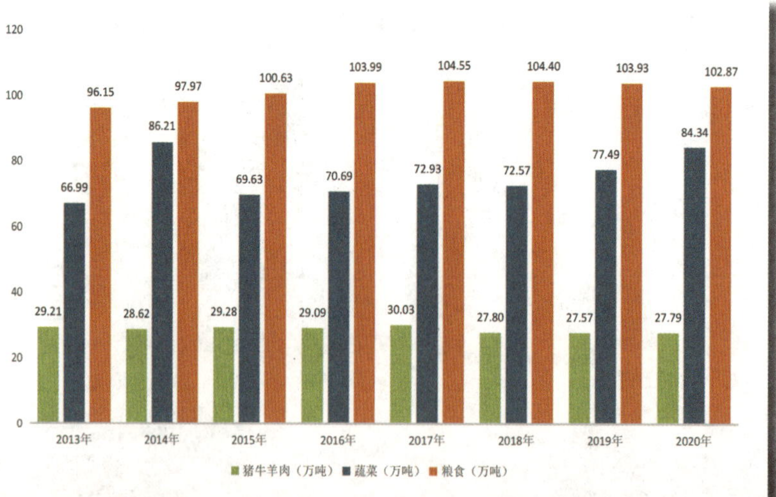

2020年全年农作物种植面积271.22千公顷，全年粮食总产量102.87万吨，牲畜存栏总数1657.53万头（只、匹）。图为2013—2020年主要农畜产品产量。

培育发展绿色工业。截至 2020 年底，我区规模以上工业企业 152 家，工业总产值 274 亿元，工业企业带动就业 8 万余人。图为高原饮品生产线。

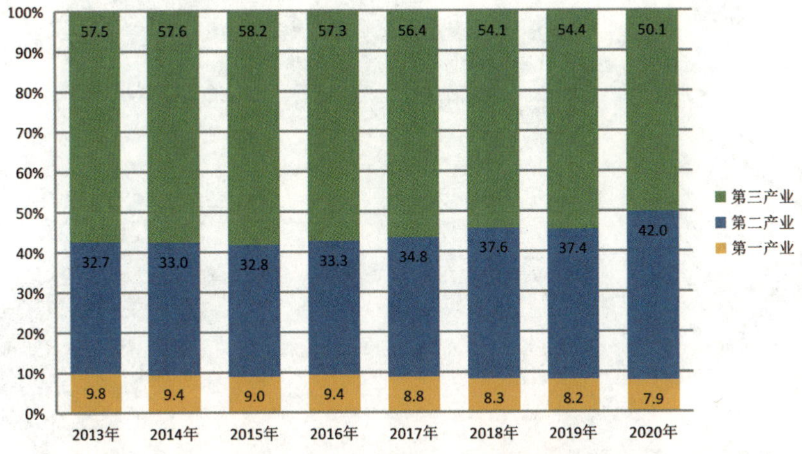

2013－2020年三次产业增加值占全区生产总值比重

北京市援助的当雄县西藏纳木错圣水厂包装流水线。天然饮用水生产车间。

能源保障日益完善。截至2020年底，区内电网联为一体，主电网覆盖74个县（区），供电人口330万人。全面完成“三区三州”农网改造升级，解决67.2万人用电问题。建成和在建电力装机1020万千瓦。以水电、光伏、天然气为主的清洁能源产业初具规模。图为天然气站。

70 年来，中央政府对西藏经济社会发展的重点工程给予了全力支持。先后支持了青藏、川藏公路的修建维护，区内高等级公路的修筑等。如今，西藏公路通车里程 11.7 万公里，较“十二五”末增长 50%；高等级公路通车里程 688 公里，是“十二五”末的 18 倍。

2014 年 8 月 16 日，拉日铁路正式通车，彻底结束西藏西南部地区单一依靠公路运输的历史。

2019 年 4 月，

拉林高速正式通车。

交通网络日益完善。截至 2020 年底，我区公路通车里程 11.7 万公里，高等级公路通车里程 688 公里，拉萨至林芝、贡嘎机场至泽当、日喀则机场高等级公路通车运行，那曲至拉萨、拉萨至日喀则机场、拉萨至泽当高等级公路加速推进。铁路运营里程 954 公里。青藏铁路格拉段扩能改造工程建成投运，日喀则至吉隆、滇藏、新藏铁路和青藏铁路电气化改造前期工作加快推进。国际国内航线 130 条、通航城市 61 个。林芝米林机场、昌都邦达机场改扩建工程建成投用。隆子、定日、普兰支线机场开工建设。客运班车连起千村万户，团结线、幸福路极大便利了各族群众生产生活。

2021 年 6 月 25 日 10 时 30 分，我区首条电气化铁路拉林铁路建成通车，“复兴号”列车实现对 31 个省区市的全覆盖。图为 D2021 次动车组列车经过山南市扎囊县扎其乡德吉新村。

农牧民代表与“复兴号”合影

拉萨至羊八井高等级公路

正在建设中的拉萨到日喀则高等级公路

贡嘎机场 T3 航站楼投运

水利设施日益完善。旁多、拉洛水利枢纽并网发电、灌区通水。湘河、雅砻、恰央水库全面建成或实现截流。60 条重点河流流域综合规划全面推进。68 个重点灌区与节水增效工程深入实施，农村饮水安全问题基本解决。农田有效灌溉面积新增 73 万亩。防洪抗旱能力持续加强，初步结束了西藏完全靠天吃饭、靠自然抗旱调洪的历史。

拉萨贡嘎机场航班起飞

2015 年新修建的通麦特大桥与旧通麦大桥

日喀则光伏电站

那曲风力发电

青藏、川藏电力联网结束了西藏电网长期孤网运行的历史。

大型实景剧《文成公主》演出现场

国外游客在西藏旅游

培育壮大文化旅游产业。创新推出“冬游西藏”，旅游人次和收入大幅提升。2020 年，农牧民参与乡村旅游就业 8.6 万人，年人均增收 4300 元。文化产业示范基地（园区）234 家，产值超过 60 亿元，年均增长 15%。

每年的林芝桃花文化旅游节吸引大批游客前来欣赏

林芝 桃花节

TAOHUAJIE

70 年来，在中国共产党领导下，西藏政治建设得到不断加强。人民代表大会制度在保障西藏各族人民当家作主权利、组织全区各族人民以主人翁姿态投身西藏社会主义现代化建设、维护祖国统一和民族团结、保障地方国家机关协调高效运转等方面，显示出强大的生命力和巨大的优越性。

出席中国共产党第十九次代表大会的我区代表走出人民大会堂

我区全国人大代表和列席人员步出会场

我区人大代表、政协委员以高度的责任感和使命感，履行职责、行使当家作主的权利。

70 年来，在党中央的亲切关怀下，西藏教育事业发生了翻天覆地的变化，形成了涵盖学前教育、基础教育、职业教育、高等教育、特殊教育、继续教育的完整教育体系，教育优惠政策和教育经费保障机制不断健全，教育援藏机制不断深化，为雪域高原的美好未来插上了腾飞的翅膀。截至 2020 年底，西藏共有各级各类学校 3195 所，在校学生总人数近 89 万，在职教职工 61239 名。

西藏大学医学院即将毕业的 30 多名学生在拉萨布达拉宫广场合影留念

建立起涵盖学前教育、基础教育、职业教育、高等教育、成人教育、特殊教育等完整的现代教育体系。在全国率先完成了从学前到高中阶段(包括中职学生)15年免费教育。图为孩子们在享受营养餐。

林芝市朗县洞嘎镇的孩子们在自家大院内快乐地玩耍着

西藏民族大学的莘莘学子

拉萨市北京实验中学的学生在校园内锻炼身体

拉萨市第二中等职业技术学校的学生正在学习数控装置

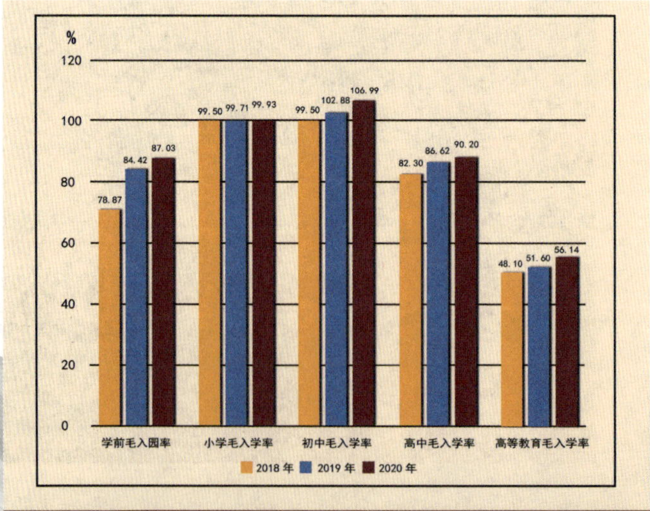

西藏学前、小学、初中、高中、高等教育毛入学率统计表。

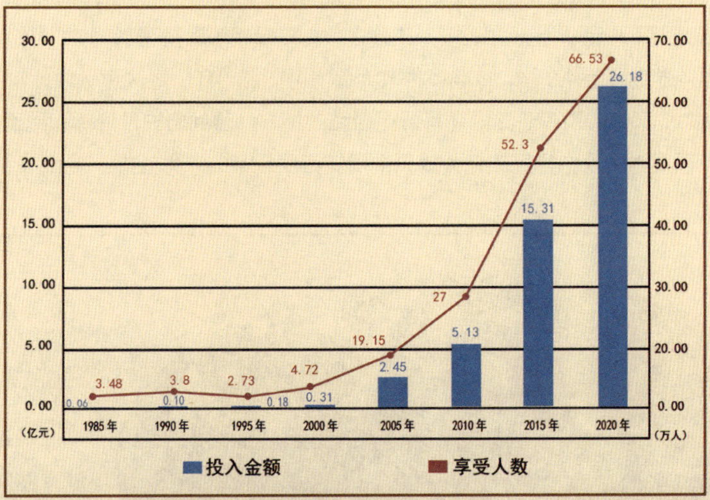

1985年以来教育“三包”经费投入情况。

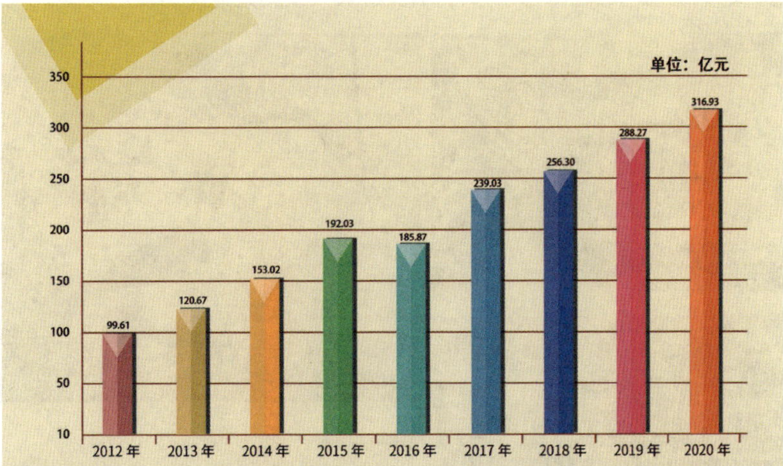

2012-2020年西藏教育经费投入。

70 年来，西藏医疗卫生事业大踏步前进。截至 2020 年底，孕产妇死亡率、婴儿死亡率分别下降至十万分之五十、千分之八。三级甲等医院增加到 11 家，每千人床位数从 4.5 张增至 4.9 张，400 多种较大疾病区内能治疗。经国家验收，包虫病、大骨节病、先天性心脏病、白内障等肆虐西藏的地方病得到历史性消除和防治。“健康西藏”已成为实现中华民族伟大复兴中国梦西藏篇章的有力支撑。

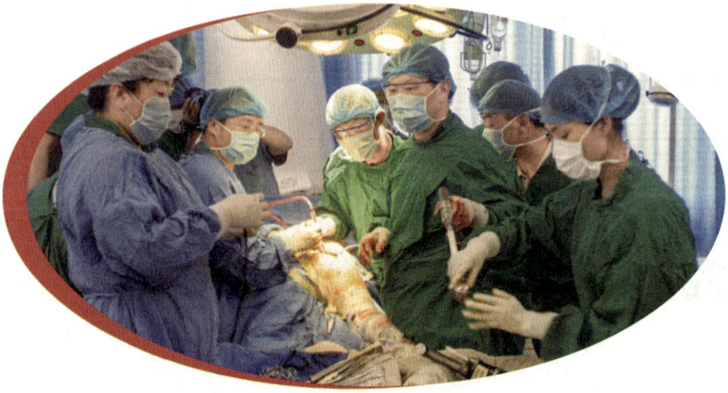

援藏医疗专家在实施妇科腔镜手术

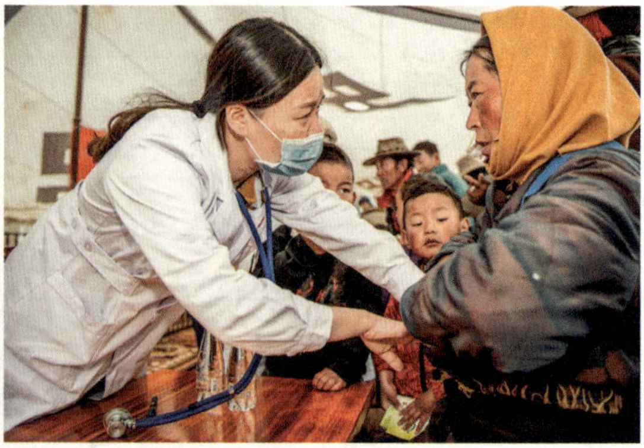

覆盖全区的基本医疗

自治区人民医院专家同援藏专家会诊

自治区人民医院远程医学会诊中心于 2016 年 7 月正式投入运行

自治区妇幼保健医院

截至 2020 年，西藏的人均期望寿命由和平解放初期（即 1951 年）的 35.5 岁提高到了 71.1 岁。

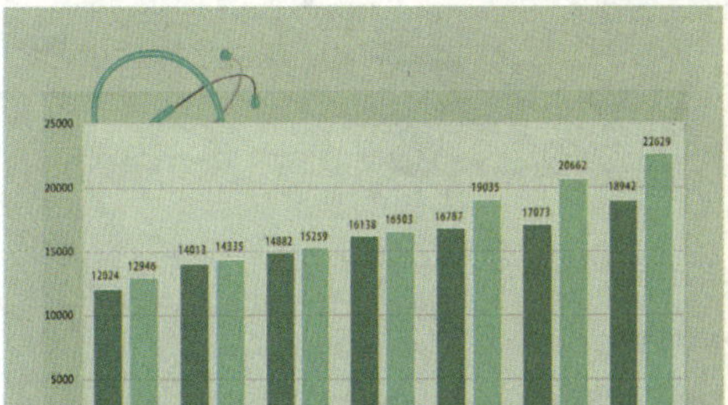

西藏各级各类医疗卫生机构达1642家，每千人床位数4.9张，每千人卫生技术人员5.89人。图为西藏卫生机构床位数和技术人员数统计表。

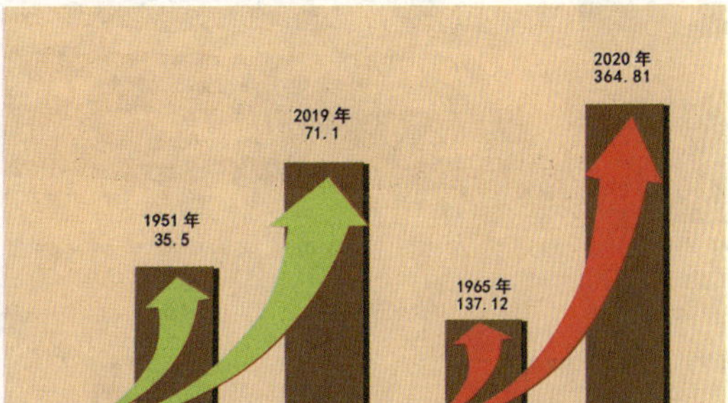

西藏人均预期寿命从1951年的35.5岁增加到2019年的71.1岁。

70 年来，我区历届党委、政府都把建设社会主义新西藏、消除贫困作为执政为民最重要的工作来抓。党的十八届五中全会和中央扶贫开发工作会议吹响了向贫困宣战的冲锋号，一场消灭贫困的大决战开始了。自治区党委、政府团结带领全区各族人民，在 120 多万平方公里的广阔土地上，正在向着我区贫困问题的最后堡垒，向着扶贫开发工作中的硬骨头发起冲锋。截至 2020 年底，62.8 万贫困人口全部脱贫，74 个县（区）全部摘帽，26.6 万易地扶贫搬迁群众顺利入住，3037 个扶贫产业项目直接带动 23.8 万群众脱贫，11.1 万贫困人口最低生活保障应保尽保，群众满意度 99% 以上。

图为易地搬迁途中的双湖县牧民（2019 年 12 月 23 日摄）

拉萨市曲水县才纳乡现代农业科技园

加大农牧民技能培训，增加农牧民现金收入。图为妇女参加编织培训。

来自山东的农机技师在培训白朗县农机手

琼结县开展蔬菜种植技术培训助力产业脱贫

2019 年，那曲市安多县纳色社区如期实现整村脱贫，社区干部群众穿上节日盛装庆祝脱贫攻坚取得胜利。

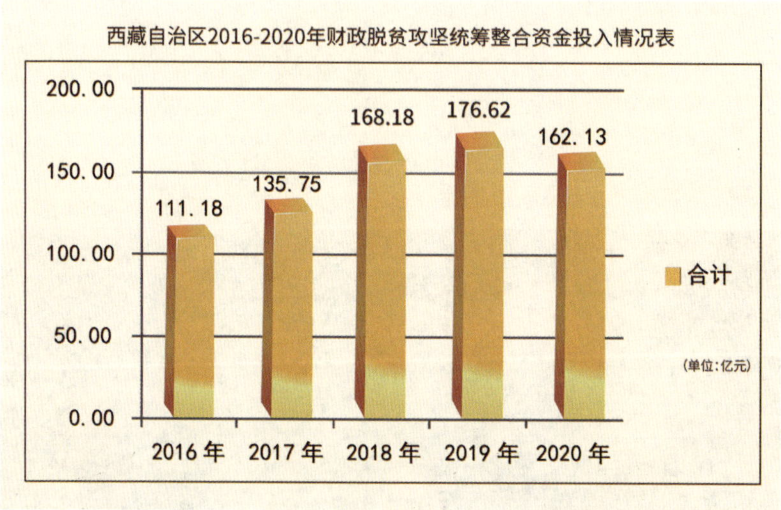
西藏自治区2016-2020年财政脱贫攻坚统筹整合资金投入情况表
200.00
150.00
100.00
50.00
0.00
111.18
135.75
168.18
176.62
162.13
2016年
2017年
2018年
2019年
2020年
合计
(单位:亿元)

搬迁牧民与援藏干部

新建成的墨竹工卡县甲玛乡孜孜荣村二期搬迁安置点

加查县共康村搬迁安置点

阿里地区狮泉河镇“康乐新居”集中安置建设是阿里地委、行署实施脱贫攻坚战略的头号“民生工程”。该安置区位于噶尔县狮泉河镇文化路东南沿线，安置区划分为具有阿里地方民族特色的 4 个小区，规划占地面积 480 亩，总投资 1.85 亿元，共建设安置房 500 套。图为鸟瞰康乐新区。

70年来，在党中央的亲切关怀、全国人民的大力支持和无私援助下，古老的藏文化得到有效保护和传承，在新时代焕发出新的生命力，呈现出万紫千红、欣欣向荣的喜人景象。特别是党的十八大以来，西藏文化事业空前繁荣，是西藏文化发展最稳定、成果最丰硕、各族人民对文化的参与感、获得感、幸福感最强的时期。

第四届中国西藏旅游文化国际博览会分会场暨2018西藏林芝雅鲁藏布生态文化旅游节在林芝市体育场拉开帷幕

江达县波罗乡农牧民手工业合作社负责人朗加正在指导村民学习木刻技艺

在漫长的历史发展过程中，勤劳智慧的西藏各族人民创造了特色鲜明、形态多样、内容丰富、独具魅力的灿烂文化。藏戏、格萨尔、藏医药浴法入选联合国教科文组织人类非物质文化遗产代表作名录。

坚持修旧如旧，保持民族传统文化，实施拉萨市八廓古城保护工程。严格保护原有建筑，新建地下综合管线 31.4 公里，铺设高低压电缆 135 公里，解决了居民供暖问题。通过古城区保护工程，保护传承了优秀民族文化，彻底消除了消防安全隐患，完善了基础设施，有效改善了民生。图为游人如织的八廓街。

藏语文使用迈入信息化阶段，藏文成为全国第一个具有信息交换文字编码国际标准的少数民族文字。图为编辑人员使用藏文编辑软件。

那曲市尼玛县五下乡文艺演出

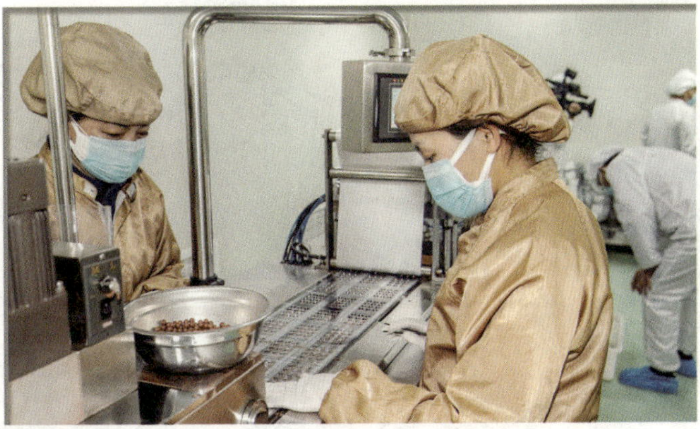

西藏甘露藏药股份有限公司生产车间，工人在生产藏药。

西藏藏医药大学的学生们漫步在校园里

日喀则市萨迦县藏香厂工作人员正在用传统工艺制作藏香

70 年来，西藏的社会保障事业从无到有、从城镇到农村、从职业人群到城乡居民，经历了一个不断改革、发展和完善的过程，短短 70 年，已初步建立了具有西藏特色的社会保障体系。人民群众期盼的“老有所养、病有所医、贫有所济、困有所助”的美好愿景已经变为现实。

2017 年 8 月，自治区社会保障卡首发仪式暨异地就医结算系统开通仪式在林芝举行。

在五保集中供养中心安度晚年的老人

城乡就业全面发展。2020 年，我区城镇累计新增就业 26.7 万人。

拉萨市城关区雪社区居民巴桑拉姆在展示她的医疗保险卡

在公园里健身锻炼的老人

山南市琼结县拉玉乡次仁旺堆老人开心地清点刚领到的新型农村社会养老保险金

拉萨燃灯节

宗教信仰自由政策得到充分保护。依法开展正常宗教活动，寺庙学经、辩经、受戒、灌顶、修行等传统宗教活动和寺庙学经考核晋升学位活动正常进行。图为寺庙僧人正在辩经。

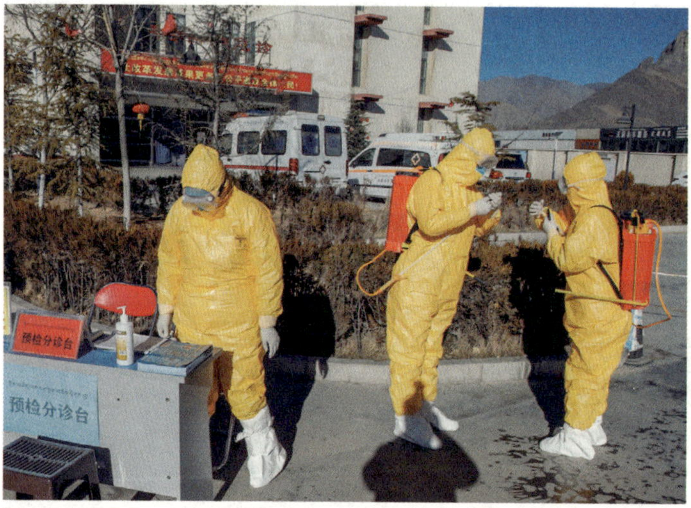

新冠肺炎疫情防控取得决定性胜利。西藏自治区党委政府坚持人民至上、生命至上，迅速打响疫情防控的人民战争、总体战、阻击战，率先做到确诊病例清零，率先复工复产，率先实现经济正增长。

2019 年 7 月 22 日，中国科学家首次对羊卓雍错全面测深，科考队员在投放重力钻，准备钻取湖泊沉积岩芯。

2019 年 5 月 30 日在中科院青藏所纳木错多圈层综合观测站的观测营地拍摄的“极目一号”浮空器。

西藏登山队成为世界上首支实现攀登世界 14 座海拔 8000 米以上高峰和攀登七大洲最高峰、徒步南北极点登山探险“大满贯”专业队伍。

2020 珠峰高程测量登山队历尽艰辛登上顶峰，获取基础测量数据，为珠峰新高度的诞生奠定了坚实基础。2020 年 12 月 8 日，国家主席习近平同尼泊尔总统班达里互致信函，共同宣布珠穆朗玛峰最新高程——8848.86 米。

第七单元　美丽西藏

牢记习近平总书记关于“保护好青藏高原生态就是对中华民族生存和发展的最大贡献”的重要指示，我区牢固树立绿水青山、冰天雪地就是金山银山的理念，坚持把环境保护作为底线红线，实行最严格的生态环境保护制度，切实保护雪域高原的一草一木，山山水水，保护好“世界屋脊”“地球第三极”，努力构建国家生态安全屏障。

MEILIXIZANG

壮美的圣象天门

拉萨市南山绿化工程

西藏自治区现有 11 个国家级自然保护区、4 个国家级风景名胜区、3 个国家地质公园、9 个国家森林公园、22 个国家湿地公园，自然保护地占全区国土面积的 38.75%。建立 1 个防沙治沙综合示范区、5 个沙化土地封禁保护区，封禁面积达到 4.8 万公顷。2004 年至 2014 年荒漠化土地面积减少 9.24 万公顷，沙化土地面积减少 10.07 万公顷。2020 年森林覆盖率达到 12.31%，天然草原综合植被覆盖度提高到 47%，湿地面积达到 652.9 万公顷。

西藏自治区不断加强水土保持工作，加大水土流失综合治理力度，全面推进河湖长制，设立区、市、县、乡、村五级河湖长1.48万名，实现河湖“清四乱”常态化制度化。

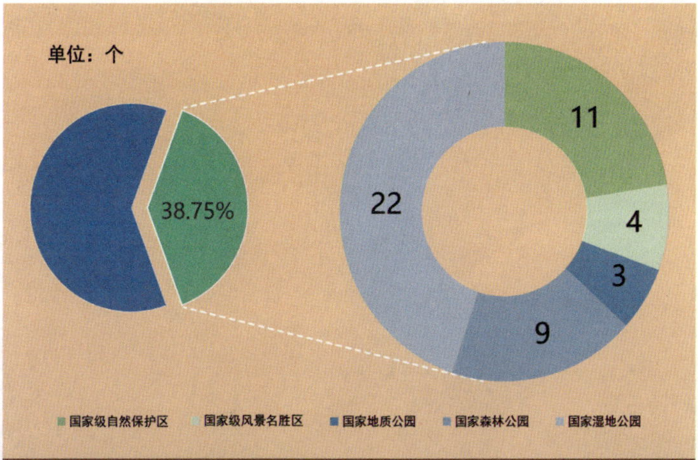

西藏自治区自然保护地占全区国土面积的38.75%，自然保护地类型丰富。

拉萨市污水处理厂

拉萨河畔人工种植的防护林

然乌湖自然生态保护区

村生活垃圾收运处置体系。建立起覆盖草原、森林、湿地、野生动物肇事等领域的生态保护补偿机制，2019 年至 2020 年，累计安排生态护林员补助资金 2.74 亿元，支持选聘生态护林员 7.82 万名，安排森林生态效益补偿补助 31.82 亿元，生态环境权益得到保障。持续开展“爱粮节约”活动和“光盘行动”，城乡居民节约用水用电意识显著增强，新能源电动汽车数量快速增长，绿色生活正成为新时尚。

画中鲁朗

秋日尼洋河

西藏自治区加强野生动植物保护。黑颈鹤由不到 3000 只上升到 8000 多只，藏羚羊约 30 万只。在第二次陆生野生动物资源调查中发现白颊猕猴等新物种 5 个，东歌林莺等中国新纪录物种 5 个。第二次野生植物资源调查结果显示，国家一级保护野生植物巨柏稳步增加并得到有效保护。调查中发现桫椤、喜马拉雅红豆杉等 21 个物种的新分布点。

野生动物天堂

目前，西藏生态系统整体稳定，环境质量持续向好，绿色发展格局初步形成，人民生态环境权益不断提升，“绿水青山就是金山银山、冰天雪地也是金山银山”的理念深入人心，西藏成为世界上生态环境最好的地区之一。

西藏各族干部群众环保意识不断增强，爱护环境已成为大家的自觉行动。

第八单元　强边固边

牢记习近平总书记关于“治国必治边、治边先稳藏”的重要指示，西藏自觉把边境工作放在党和国家大局中来思考谋划，紧扣加快边疆发展、确保边疆巩固边境安全这条主线，以强边固防为首要任务，以党的建设为引领，不断强化人口和经济支撑，全面改善民生凝聚人心，大力提升国边防保障能力，着力推动边境建设和公共服务及配套设施、就近就业和产业布局协同发展，统筹规划、完善政策、分类施策，不断开创边防安全稳固、社会和谐稳定、民族团结进步、边民安居乐业的新局面。

西藏边境线长，多数地方生产生活条件很差，贫困发生率高，兴边富民历来为各级党委、政府所重视。在党中央的关怀下，边境地区投入逐年增加。特别是 2012 年以来，边境县、乡、村充分享受到国家更加优惠的政策，水、电、路、居等人民生活急需的基础设施加大了建设力度。以玉麦为标志的一批小康村像珍珠一样闪耀在祖国的边境线上。图为时代楷模卓嘎、央宗姐妹。

2017年，西藏发布《西藏自治区边境地区小康村建设规划（2017—2020年）》，主要目标是改善边民的住房条件和边境村庄的“水电路讯网、教科文卫保”以及产业建设。截至2020年底，边境一、二线行政村公路通达通畅，主电网延伸到全部边境乡（镇），实现村村通邮，移动通信网络全覆盖，农村人口饮水安全得到保障。边境村庄基础设施条件显著改善，各类产业蓬勃发展，边民生产生活水平明显提升。

墨脱县贡日村新建成的农牧民安居房

国旗飘扬在边境线上夏尔巴人的民房屋顶上

阿里普兰县边贸口岸的尼泊尔商人正在出售商品

加强边民互市贸易场所规范化建设，畅通商贸流通渠道，构建边境经济走廊。图为日喀则吉隆口岸。

隆子县边境乡小学生运动会

山南错那边民的幸福生活

幸福洋溢在
夏尔巴人的脸上

日喀则市边境管理支队昌果边境派出所“高原铁骑”巡逻队。

西藏自治区坚持屯兵和安民并举、固边和兴边并重，截至 2020 年底，高标准建成 604 个边境小康村，新建改建边境公路 130 条、3080 公里。

边境地区小康村建设情况部分项目栏

统计时间：截至 2021 年 7 月

建设项目	边境小康村总建设情况	累计总投资情况	住房建设情况	抵边搬迁人口	村内公路设施建设情况	公共服务设施建设情况	产业建设情况	生态与人居环境整治情况
完成情况	已完成 624 个	累计完成投资 193.82 亿元	实际完成 242.8 万平方米	2.39 万人	实际完成 2419 公里	实际完成 40.9 万平方米	种植业规模 3.46 万亩 养殖业 4.8 万（头、只、匹）牲畜 农畜产品加工点 27 个 民族手工业加工点 14 个 旅游景点 21 个 边贸市场和边民互市点 8 个 农（藏）家乐、家庭旅馆 133 个	全部已完成

阿里军分区某边防团官兵踏雪巡边

长期以来，驻守在雪域高原的人民子弟兵继承弘扬“老西藏精神”“两路”精神和部队优良传统，坚定坚决守护神圣国土，聚焦能打胜仗强化练兵备战，积极投身治边稳藏伟大实践，确保关键时刻拉得出、顶得上、打得赢。

用心用情守护好 祖国每一寸土地

吉隆县吉隆镇达曼村村民在与武警西藏边防总队吉隆边防检查站官兵喜迎西藏百万农奴解放纪念日

人民子弟兵始终践行全心全意为人民服务的根本宗旨，在抗震救灾等群众生命财产受到威胁的紧要关头，总是挺身而出，甘于奉献，与西藏各族群众同呼吸、共命运、心连心，成为西藏各族人民心目中最可爱的“金珠玛米”。

第九单元　党的建设

DANGDEJIANSHE

习近平总书记指出："加强和改进党的建设是做好西藏工作的根本保证。"革命战争年代，党的建设是西藏从胜利走向胜利的制胜法宝；新时代、新形势、新任务下，西藏以加强党的建设形成凝聚力、战斗力，继续引领和推进改革发展伟业。近年来，西藏各级党组织坚持以党的十九大和十九届二中、三中、四中、五中全会精神为指导，紧紧围绕全面从严治党这条主线，全面推进党的政治建设、思想建设、组织建设、作风建设、纪律建设，把制度建设贯穿其中，深入推进反腐败斗争，为促进西藏长治久安和高质量发展提供了坚强的政治保障。截至2021年6月5日，全区党员总数为42.6万名。现有党的基层组织2.2万个。其中，基层党委1000个，总支部1000个，支部两万个。

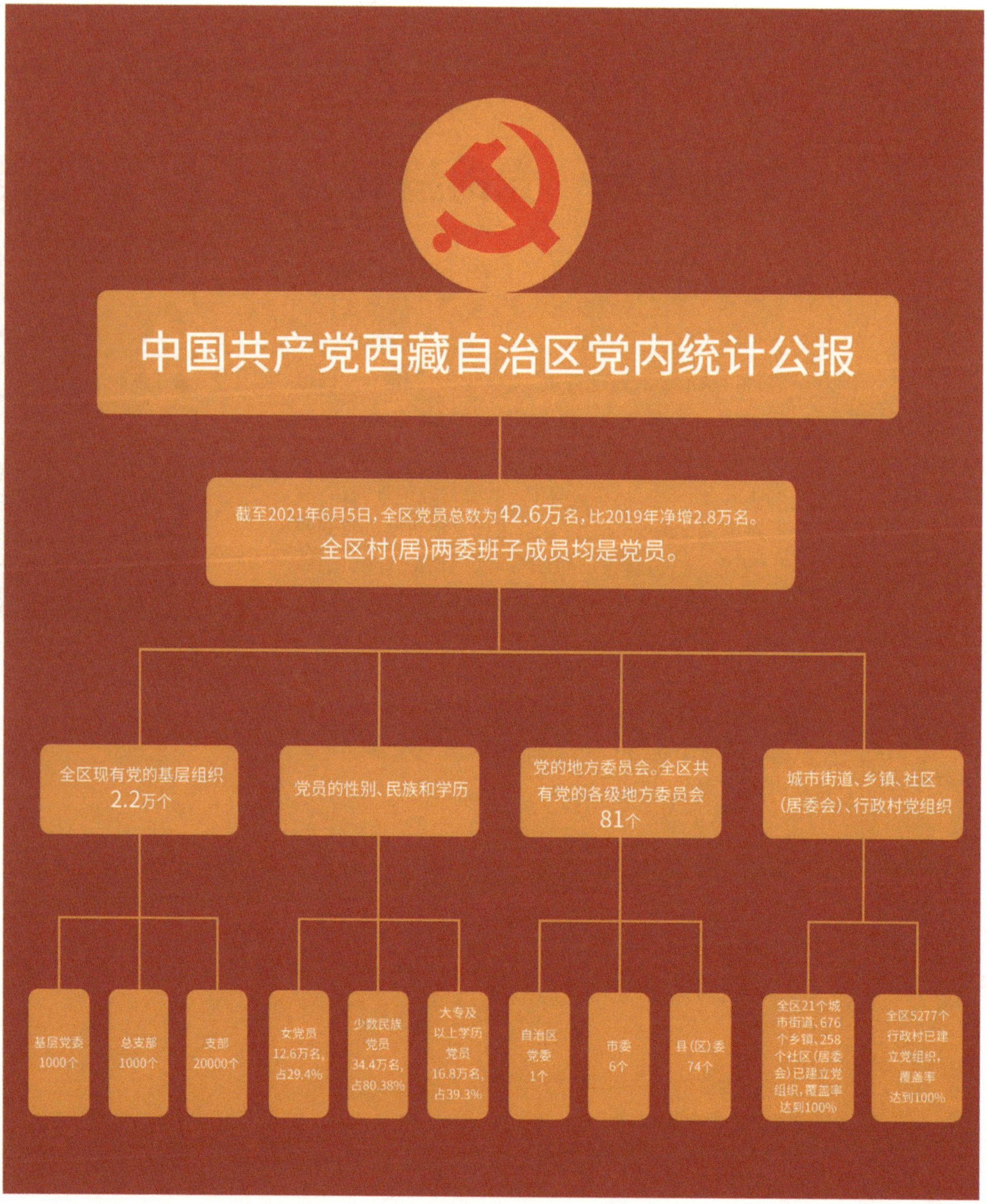
中国共产党西藏自治区党内统计公报
截至2021年6月5日，全区党员总数为42.6万名，比2019年净增2.8万名。
全区村(居)两委班子成员均是党员。
全区现有党的基层组织
2.2万个
党员的性别、民族和学历
党的地方委员会。全区共
有党的各级地方委员会
81个
城市街道、乡镇、社区
(居委会)、行政村党组织
基层党委
1000个
总支部
1000个
支部
20000个
女党员
12.6万名，
占29.4%
少数民族
党员
34.4万名，
占80.38%
大专及
以上学历
党员
16.8万名，
占39.3%
自治区
党委
1个
市委
6个
县(区)委
74个
全区21个城
市街道、676
个乡镇、258
个社区(居委
会)已建立党
组织，覆盖率
达到100%
全区5277个
行政村已建
立党组织，
覆盖率
达到100%

全区现有党的基层组织 2.2 万个，21 个城市街道、676 个乡镇、224 个社区（居委会）、5261 个行政村已建立党组织，覆盖率达到 100%。

唱支山歌给党听

西藏大学师生以饱满的热情认真学习党的十九大精神，对自己的未来和西藏的明天充满了希望。

拉萨市城关区策门林社区居委会组织居民认真学习党的十九大精神，使会议精神深入人心。

老党员拉巴在拉孜县曲玛乡完小学生讲述新旧西藏对比

康马县国土资源局党支部积极开展“助农秋收”主题党日活动，帮助群众开展秋收工作。

2020年4月22日，“党建基建”新模式引领西藏“三区三州”电网建设。

党员与百姓同吃同喝同劳动

大力推进村级组织标准化建设。图为安多县扎仁镇纳色居委会 710 平方米的村级组织标准化活动场所。

拉萨市城关区吉崩岗街道热木其社区换届选举会上，选民正在投票。

琼结县委宣传部党员们走访慰问老党员

林芝市察隅县上察隅镇实施小红帽工程，组织党员干部帮助米古村贫困户种植水稻

强化党对反腐败工作的全面领导，坚持无禁区、全覆盖、零容忍，坚持重遏制、强高压、长震慑，认真贯彻落实中央八项规定精神及其实施细则，一体推进不敢腐、不能腐、不想腐，营造了风清气正的政治生态。

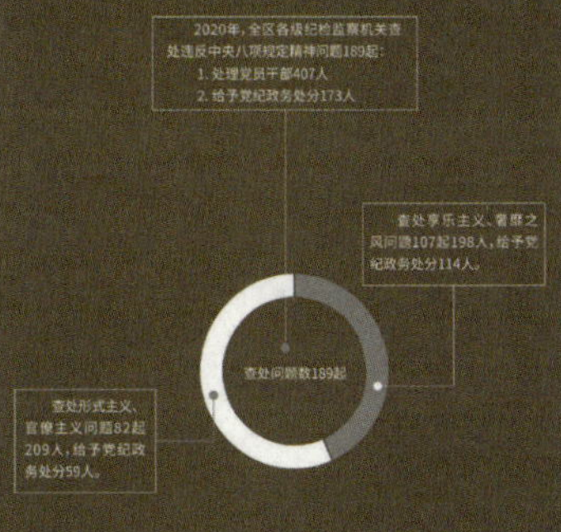

深入推进党风廉政建设和反腐败斗争。图为西藏反腐工作成果。

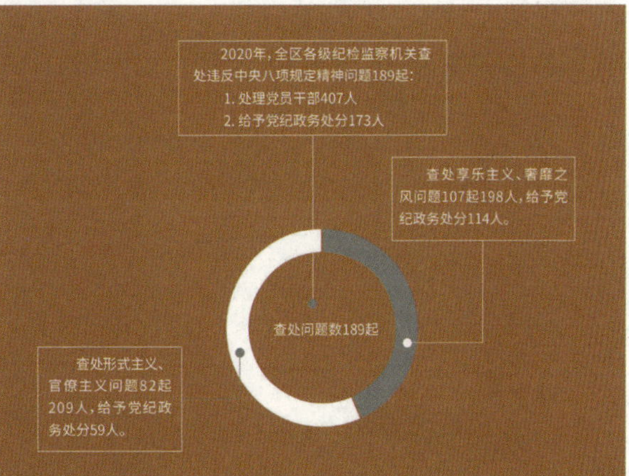

深入推进党风廉政建设和反腐败斗争。图为西藏反腐工作成果。

党的光辉照边疆

边疆人民心向党

繁荣昌盛

各族儿童祝福伟大祖国

西藏各族人民紧密地团结在以习近平同志为核心的党中央周围，手牵手、心连心，奋力谱写长治久安和高质量发展新篇章，朝着中华民族伟大复兴的中国梦奋勇前进！

后 记

历史的画卷，总在砥砺前行中铺展；时代的华章，总在不懈奋斗中书写。为了铭记历史、开创未来，全面展示中国共产党带领全区各族人民全面建成小康社会的伟大实践和光辉成就，系统回顾、全面审视我们党不忘初心、忠诚为民、持续奋斗的光辉历程，我们精选了我区在全面建成小康社会进程中在政治、经济、社会、文化、生态等方面的重要实物图片、优秀摄影作品 260 余幅，生动展示了西藏和平解放以来特别是党的十八大以来，我们党领导西藏各族人民不断创造奇迹的伟大征程，充分展现西藏经济社会发展的巨大成就，激励激发全区各族干部群众对以习近平同志为核心的党中央的衷心拥护、对中国特色社会主义的坚定自信、对伟大祖国的无比热爱，教育引导全区各族干部群众更加紧密地团结在以习近平同志为核心的党中央周围，坚持以习近平新时代中国特色社会主义思想为指导，全面贯彻新时代党的治藏方略，不忘初心、牢记使命，脚踏实地、艰苦奋斗，为谱写雪域高原长治久安和高质量发展新篇章、建设团结富裕文明和谐美丽的社会主义现代化新西藏而不懈努力奋斗，谱写好中华民族伟大复兴中国梦的西藏篇章！

1951 年 5 月 23 日，中央人民政府与原西藏地方政府在北京签订《关于和平解放西藏办法的协议》，宣告西藏和平解放，这是划时代意义的伟大转折，开启了西藏走向现代社会的历史进程。70 年来，我们党在西藏主要办了和平解放西藏、进行民主改革、建立社会主义制度、推进改革开放、贯彻党的民族政策和宗教政策等大事要事，带领西藏在澎湃激昂的历史大潮中穿云破雾、浩荡前行，创造了短短几十年、跨越上千年的人间奇迹。特别是党的十八大以来，习近平总书记亲自为西藏工作把舵定向、谋篇布局，形成了新时代党的治藏方略，支持西藏解决了许多长期想解决而没有解决的难题，办成了许多过去想办而没有办成的大事，推动西藏各项事业取得全方位进步、历史性成就。历史和实践充分证明，没有共产党就没有新中国，就没有社会主义新西藏，更不会有今天西藏各族人民的幸福生活。坚定不移跟党走，坚持社会主义制度、民族区域自治制度，坚定不移地贯彻习近平总书记关于西藏工作的重要论述和新时代党的治藏方略，这是西藏各族人民的共同心愿，也是西藏创造更加美好未来的根本保障。

实现全面建成小康社会的宏伟目标，是中国共产党向人民、向历史作出的庄严承诺，在中华民族发展史、社会主义发展史、人类社会进步史上都具有里程碑意义。2021 年 7 月 1 日，习近平总书记在庆祝中国共产党成立 100 周年大会上，庄严宣告：经过全党全国各族人民持续奋斗，我们实现了第一个百年奋斗目标，在中华大地上全面建成了小康社会，历史性地解决了绝对贫困问题，正在意气风发向着全面建成社会主义社会化强国的第二个百年奋斗目标迈进。

参加本书编辑工作的有姚海全、王开波、李成业、米玛、郭琳、曾琳、王丽、吴江霞同志。为本书从各方面提供支持的还有西藏自治区党委宣传部新闻处蒋志伟、郭红岩、鹿其寅、云丹加措、尚琨等同志。

本书编写组

2022 年 5 月

高校网络思想政治教育提升路径研究

严莹 著

海洋出版社
2022年·北京

内容提要

本书从高校网络思想政治教育的理论依据入手，分析高校网络思想政治教育的过程，探讨高校网络思想政治教育的平台建设、队伍建设和机制建设，总结杭州电子科技大学网络思想政治育人的经验。让高校网络思想政治教育从“单平台”向“易平台”转变，从“单兵作战”转变为“联合作战”，从“线下办”转变为“线上线下联动办”，从“粗放式”管理转变为“个性化、精准化”管理，积极推动高校网络思想政治教育的科学化、理论化和系统化，让高校网络思想政治教育踏上网络的“快车”，在思想政治教育阵地中把“荒漠”变成“绿洲”，开辟出高校网络思想政治教育的新天地。

图书在版编目（CIP）数据

高校网络思想政治教育提升路径研究 / 严莹著 . —
北京：海洋出版社，2020.11
ISBN 978-7-5210-0671-1

Ⅰ . ①高… Ⅱ . ①严… Ⅲ . ①互联网络—应用—高等学校—思想政治教育—研究—中国 Ⅳ . ① G641-39

中国版本图书馆 CIP 数据核字（2020）第 207310 号

策划编辑：张　欣
责编编辑：沈婷婷
责任印制：安　森

海洋出版社 出版发行

http：//www. oceampress. com. cn
北京市海淀区大慧寺路 8 号　邮编：100081
鸿博昊天科技有限公司印刷　新华书店发行所经销
2020 年 11 月第 1 版　2022 年 11 月北京第 1 次印刷
开本：787mm × 1092mm　1/16　印张：13.75
字数：182 千字　定价：89.00 元
发行部：010-6210090 邮购部：010-62100072 总编室：010-62100034

前言 preface

随着网络技术的发展，大学生获取信息的方式也从电视、报纸转变到微信、微博、新闻App及其他各类新媒体。所以，全面运用最新的互联网技术开展高校思想政治教育，积极宣扬主旋律，转变教育形式，成为当代高校要给予充分关注的急迫问题。

我国党和政府一直非常重视高校网络思想政治教育的开展。“2016年12月，在全国高校思想政治工作会议上，习近平总书记强调，高校思想政治工作关系到高校培养什么样的人、如何培养人以及为谁培养人这个根本问题。要坚持把立德树人作为中心环节，把思想政治工作贯穿教育教学全过程，实现全程育人、全方位育人，努力开创我国高等教育事业发展新局面。”[①]2017年，中共中央办公厅、国务院办公厅印发的《关于进一步加强和改进新形势下高校宣传思想工作的意见》中明确指出，做好高校宣传思想工作，加强高校意识形态阵地建设。要加强互联网思想政治工作载体建设。树立互联网思维，运用大学生喜欢的表达方式开展思想政治教育，使

① 人民日报:《习近平在全国高校思想政治工作会议上强调：把思想政治工作贯穿教育教学全过程 开创我国高等教育事业发展新局面》，2016年12月09日。人民网：http://dangjian.people.com.cn/n1/2016/1209/c117092-28936962.html。

网络成为高校思想政治教育工作的新平台。这一项战略工程、固本工程、铸魂工程事关党对高校的领导，事关全面贯彻党的教育方针，事关中国特色社会主义事业后继有人，对于巩固马克思主义在意识形态领域的指导地位，巩固全国人民团结奋斗的共同思想基础，具有十分重要而深远的意义。

本书有两个源起：一是杭州电子科技大学党委副书记朱斌教授主持的2017年度教育部人文社会科学研究专项（高校思想政治工作）——“大数据时代高校意识形态工作创新研究（17JDSZ1007）”，感谢朱斌教授的悉心指导和团队教师的热心帮助，本书也算是这个项目的研究成果之一。二是杭州电子科技大学党委副书记薛晓飞负责的教育部2019年高校思想政治工作精品项目网络育人类专项——以“最多跑一次”为切入点，构建服务育人全过程的网络思政平台。该项目申报成功，离不开学校全体宣传部和学工部等部门教师的辛勤付出，也为我更好地开展网络思想政治研究提供了充分的现实依据。

杭州电子科技大学于2019年3月正式挂牌成立浙江高校网络思想政治工作中心，是浙江高校网络思想政治教育工作的一件大事，标志着浙江网络思想政治工作的新发展，为我研究网络思想政治教育搭建了良好的平台。学校积极发挥学科优势和人才优势，运用新媒体新技术推动思想政治工作传统优势同信息技术高度融合，将与学生教育管理服务紧密相关的学工信息化建设摆在优先位置，充分利用教育部“易班”

平台，集中力量建好基于“易班”的校园学工平台，按照“以管理力推动点击率，以服务力赢得占有率，以教育力引导影响力”的思路，设计了“融通管理数据、让学生不得不来，优化服务功能、让学生来了管用，整合教育资源、让学生用了都说好”的“三步走”实施路线图，将各部门“数据孤岛”联通起来，实现教育资源一网统筹、学生事务一网办理、思想政治教育一网承担。以学生事务的“最多跑一次”引领服务学生全过程成长成才，营造“三全育人”的网络文化氛围，使思想政治工作联网上线，增强时代感和吸引力，唱响网上好声音，传播网络正能量。

本书结合杭州电子科技大学网络育人的工作经验和成果，探讨如何及时掌握学生的思想动态，通过他们所喜爱的方式，完善网络思想政治工作平台建设、队伍建设和机制建设，因势利导地选用合适的网络载体，选择具有针对性的、学生乐于接受的教育切入点作为高校网络思想政治教育工作的路径。同时，还结合高校网络突发事件的相关案例，分析网络思想政治教育的工作思路、处理步骤和启发等，这不仅是落实创新发展理念，促进学科与时俱进的内在需要，同时也是适应当代大学生思想特点的迫切需要，具有重要的理论意义和实践价值。

在此，衷心感谢杭州电子科技大学党委副书记朱斌、薛晓飞两位老师的大力支持，感谢党委组织部、宣传部、教师工作部、研工部、学工部、人力资源部和科研院的无私帮助，感谢各位师长和同人的鼎力支持，让我有足够的动力和持续的热情完成研究。

在本书写作过程中，我参考了诸多专家、学者和研究人员的相关著作、论文，汲取了前人许多有益的成果，谨致诚挚的谢意。限于作者水平有限，加之编写时间仓促，书中难免有不妥之处，敬请专家、学者和广大读者批评指正。

严莹

2020.10

目　录 contents

第一章 高校网络思想政治教育概述

计算机及互联网的发明和应用可以说是20世纪人类最伟大的科技成果。网络为人类的相互交流做出了巨大的贡献。如今网络作为一个服务人类生产、生活的大平台，为社会信息结构打下了坚实的基础，成为推动现代社会、经济发展的重要载体。在网络化的时代，互联网走入了人们的世界。互联网正是凭借其无与伦比的传播性、实效性和集合性，与教育工作领域的结合由来已久，成效明显。

高校作为大学生思想政治教育的主要阵地，应坚持树立社会主义办学旗帜，有效地运用互联网开展思想政治教育工作，积极肩负起自身责任，按照国家提出的网络化部署，主动构建校园网，借助互联网这一载体进行有效的思想政治教育，大力展现互联网信息所具有的教育和服务功能，切实发挥高校网络思想政治教育的重要价值。高校应当在网络思想政治教育中，引导大学生的学习和生活，提升理性分析、选择、吸纳与防控能力，筑牢思想防线，抵抗腐朽思想的侵害，选择最合适的着手之处强化思想政治教育。

目前，我国高校借助网络开展大学生思想政治教育工作的机制与模式也取得了不错的成绩。在厘清网络对高校思想政治教育工作产生的影响的基础上，进一步探讨高校网络思想政治教育的概念、特征、原则和主要内容。

一、互联网与高校思想政治教育

（一）互联网

当初美国由于其军事目的的需要，在 1969 年通过美国国防部研究计划署制定了一个协议，将着力建设一个专门用于军事连接的网络。其后，他们将位于美国犹他州大学、斯坦福大学研究学院、加利福尼亚大学和加利福尼亚大学洛杉矶分校的四台电脑主机进行了连接。这个协议最初由剑桥大学的 MA 与 BBN 负责执行，于 1969 年 12 月开始实现联机联网操作，而美国将这个网络称为 Internet（因特网）。

“因特网”的意思是国际性、互联性。由于其所具备的网络与网络之间所串联成庞大网络的特殊属性，因特网在我国又被称为互联网。从它的功能我们可以看出，互联网的各个网络都是通过一系列通用的协议进行有效地连接，从而在逻辑上形成一个单一且巨大的全球化网络。在这个网络中，我们可以看到有数不清的电脑和各类终端，有数不清的各种连接链路，有数不清的各种路由器和交换机等设施设备。通过这些数不清的设施设备所进行的各种物理连接，使得互联网可以将各类信息瞬间发送给万里之外的任何一个人。由此可见，互联网是信息资源和资源共享的一个超级集合，它可以对全球的任何信息资源进行有效汇总，因此，它可以当之无愧地被称为信息社会的基础。

随着进一步改革开放成长起来的新一代青年，他们是互联网迅猛发展的见证者、体验者、受益者。以互联网为代表的信息革命已经大大改变了人类社会的一切领域。从宏观方面来说，互联网的触角已经深入社会的方方面面，不管是科学技术、教育改革、传统文化，还是经济发展、政治文明、社会结构、军事安全，互联网几乎无所不及。从微观方面来看，互联网与我们每个人息息相关，不管是我们的日常生活，还是工作学习，几乎无时无刻不受到互联网的影响。

2019年8月，中国互联网络信息中心发布第44次《中国互联网络发展状况统计报告》，报告显示，中国网民主要以青少年、青年和中年群体为主。数据显示，截至2019年6月，10～39岁群体占整体网民规模的65.1%，其中，20～29岁占比最高，占到24.6%。报告还显示，在我国网民构成中，学生群体最多，占到26%。学生网民的占比之高充分地反映出互联网对其影响之广，更提醒高校在思想政治教育中不能忽视网络的影响，必须重视高校网络思想政治教育。

（二）思想政治教育与思想政治教育工作

思想政治工作是思想政治教育工作的简称，亦称思想工作或思想教育。它是一定的阶级和政治集团为实现一定的政治目标，有目的地对人们施加意识形态的影响，以转变人们的思想和指导人们行动的社会行为。随着互联网的不断发展，在进入“互联网+”时代后，为了更好地确保思想政治教育的成效依然显著，思想政治教育工作势必会进行变革。

1. 思想政治教育

思想政治教育首先是对人的思想品德所进行的一种社会实践活动，使之符合相关要求。例如，社会或社会群体针对其成员，用某种特定的思想、政治观点和道德规范，有组织性、目的性和计划性地对其施加影响，以达到该社会或社会群体的某种需要，这就是思想政治教育。

我们作为个体的人，在生产生活中不断产生各种需求动机，这种动机不断支配我们的行为。而我们的行为所产生的结果会不断通过各种渠道进行反馈，无论是正确还是错误，是积极还是消极，在其反馈的过程中，我们又重新调节自己的行为，重新强化自己的动机。这种相互作用、相互制约的周期运动就是我们的思想活动。而思想政治教育就是对这种活动的干预。

思想政治教育在我国由来已久，无论是古代，还是近现代，都是解决社会矛盾和问题的主要途径之一。当前，面对市场经济和西方意识形态等多元化因素的轮番冲击，进一步加强思想政治教育显得尤为重要。

2. 思想政治教育工作

由于文化和地域等各方面背景不同，当今社会的各类阶级或政治集团具有不同的政治诉求，导致其开展思想政治教育工作的手段和内容也不尽相同。而在同一个阶级或政治集团的内部，其开展思想政治教育工作的手段和内容也会随着各个时间段、面对不同的对象以及所处的环境变化而变化。但是从思想政治教育工作的核心角度出发，始终是为而且只能是为自己的阶级或政治集团传播和灌输其思想和意识。

中国共产党在漫长的工作实践中，也是通过不断地总结和提炼，对我党开展思想政治教育工作的基本原则进行了概括：一是理论联系实际；二是批评与自我批评；三是表扬与批评相结合，以表扬为主；四是思想政治教育工作要与业务工作和物质利益相结合；五是身教同言教相结合，身教重于言教；六是耐心说服教育与严格的组织纪律相结合等多个原则。

而作为思想政治教育工作开展对象的社会个体，因为身处不同的环境、身受不同的教育，同时身处不同的年龄层等多种因素，必然有着不同的思想认识和思维模式。针对这样的对象，在开展思想政治教育工作时必须采取不同的方式方法。而这一切方式方法的前提是必须符合所有思想政治教育工作实施对象在思维和意识上的需要、符合党的政治诉求需要、符合思想政治教育工作既有内容的需要等。而我党长期采取的批评与自我批评、民主讨论、正面疏导等方法也证明是成功的。概括起来，主要形式无外乎体现在两个方面：一是通过说教的形式进行，主要有口头和文字两种形式，前者如谈心交心、座谈讨论、报告演讲等，后者如发布各类决议、刊登报纸杂志、发表理论文章、报道各类新闻等。这种说教的形式不但极具针对性，而且多变灵活，能够及时发现和解决问题，往往收到的成效也是较为明显的。二是通过形象的形式进行，主要采取寓教于乐的形式，如发表文学作品、创造艺术成果、开发娱乐节目等。这种形象的形式更接地气，群众也乐于接受，在嬉笑怒骂中自然而然地开始接受，往往达到的效果比说教的形式更为直接和明显。

由于思想政治教育工作的对象是人，人又是思维和意识极度活跃的个体，在开展思想政治教育工作的同时，为了确保各种不确定因素能够得到快速解决，必须坚持鲜明的党性和阶级性，坚持严密的科学性，坚持广泛的群众性和社会性，坚持具体对象的针对性，坚持教育过程的连续性，等等。这样，思想政治教育工作开展的实施对象，即作为个体的人，其思想才不会过多受到客观社会发展变化因素的影响。因此，思想政治教育工作必然是一项长期的任务，必须持续地进行，并不断研究新问题，解决新问题。

2016年12月7—8日，习近平总书记在全国高校思想政治工作会议的讲话中指出："做好高校思想政治工作，要因事而化、因时而进、因势而新。要遵循思想政治工作规律，遵循教书育人规律，遵循学生成长规律，不断提高工作能力和水平。"①

（三）网络发展对高校思想政治教育的影响

网络时代大潮势不可挡，网络已逐渐融入了人们的生活。新时期以来，网络渗透到大学生学习和生活的深层次中，为高校的教育科研和组织管理注入了新的生机和活力，对大学生意识形态领域和实践领域的影响毋庸置疑，甚至打破了传统思想政治教育工作的格局，对新时代下大学生网络思想政治教育来讲，这既是机遇，又是挑战。

① 人民日报：《习近平在全国高校思想政治工作会议上强调：把思想政治工作贯穿教育教学全过程 开创我国高等教育事业发展新局面》，2016年12月09日。人民网：http://dangjian.people.com.cn/n1/2016/1209/c117092-28936962.html。

1. 网络对高校思想政治教育的积极影响

网络生活已成为人类生存方式的重要组成部分。对于网络的作用和意义，无论是教育者，还是受教育者，都有着各自不同的认知程度，并以此衍生出了对于网络的不同视域。发展催生变革，当外在的教育环境发生变化时，作为教育工作者要保持清醒的认知，明确其可能引发的各种变化和影响。

首先，网络环境下实现了教育资源的空前丰富。由于客观因素的束缚，传统思想政治教育往往存在内容单调、陈旧等缺陷，教师在讲授时侧重政策文件的解读，理论性强，这无疑加大了学习者的学习难度。而在网络时代，网络信息可谓浩如烟海、包罗万象，学习者只需几下键盘的输入和鼠标的移动，就可以快速获得需要的信息，伴随着网络的普及，信息的获取效率也变得越来越高。使用互联网资源进行学习可以完全打破课本和课堂的束缚，学习国内外优秀的教育成果，扩展知识内容，实现教育的互联互通。大学生在进行学习的同时，可以更加关注自己的学习兴趣和学习需要，有的放矢，极大地促进教育的个性化发展。同时，即时传播也是网络信息传播的巨大优势，第一手的信息和资料往往具有更强的说服力。传统的思想政治教育往往是上级政策和文件下发，教育者理解精神之后再进行专门备课，信息经过长时间的层层传递，使得大学生思想政治教育的时效性大打折扣。

此外，网络信息传播的巨大速度优势使网络空间没有了地域和时间的限制，使大学生能够迅速了解国内外发生的大事，以及社会的热点问题和突发事件等，并可以通过网络手段快速发表自己的相关看法，提高了教育的即时互动性。

其次，网络的发展为教育方式和手段的科技化、智能化提供了技术支撑。高校传统的思想政治教育更多的是以讲座、班会、座谈会等形式开展的，虽然其具有自身的优势，但是也慢慢无法满足当代大学生的认知需求。网络的发展弥补了传统授课的缺陷，通过资源整合，将思想政治教育迁移到网络平台。同时，技术的更新发展也在不断为高校思想政治教育提供新的教育方式和手段。例如，许多高校思政教育工作者通过QQ、微博、微信等工具尝试打破传统教育模式的束缚，开拓创新新形势下的网络思想政治教育新境界，不断拓宽高校思想政治教育的渠道。高校教师可以通过各种网络软硬件工具，将教育信息通过文字、声音、图片、视频等方式传递给受教育者，从而更好地激发和刺激学生的好奇心和求知欲，使学生能够更加直观地理解和接受教育内容，取得更好的思想政治教育效果。同时，教师可以将网上的热点问题搬到课堂上来讨论，也可以将学校的学习内容放到网上来传播，真正实现线上与线下协同的立体式教学。高校教育工作者还可以通过建立班级QQ群、校园微博、校园公众号平台等方式，开展热点讨论、心理疏导、困惑解答等活动，增强与学生的交流互动，提高教育的实效性。

最后，网络增强了教育的吸引力和感染力。传统思想政治教育主要是通过“教师讲，学生听”的方式来进行的，教育活动基本处于教育者的控制之下，更多体现的是教育者的意志，造成了双方地位的不平等，很难真正做到平等交流。这在一定程度上造成了教育者“一厢情愿”，而受教育者“无动于衷”的局面，极大地影响了学生的学习积极性。网络的出现从根本上扭转了这一局面，将教育的“指挥棒”交给受教育者，真正使学生成为课堂的主人。网络交流方式打破了传统人际交往模式，使师生之间迅速突破身份的束缚，完全平等地、坦诚地进行交流、沟通和学习。这大大增强了教育活动的针对性和参与度，使教育过程成为受教育者获得积极、愉快、成功体验的过程，使教育拥有更强的亲和力和感染力，从而使教育者与受教育者实现双向沟通，起到真正“深入人心”的作用。同时，网络思想政治教育积极尝试和推广使用最新的网络多媒体手段，借助一系列现代化的教学设备，如计算机、高清摄像机等，将文字、图像、视频、动画等要素结合于一体，然后以各种形式呈现在学生面前。网络思想政治教育通过现代化的教学手段，可以将复杂的问题简单化、抽象的问题具体化、枯燥的问题趣味化、深奥的问题直观化，最大限度地吸引受教育者的学习兴趣和注意力。

2. 网络对高校思想政治教育的消极影响

任何事物都是有正反面的，网络在推动大学生思想政治教育发展的同时，也引发了很多问题。

首先，教育者的传统权威地位受到挑战。网络改变了传统教育模式中往往以“教育者为中心”的态势，削弱了教师对于教育过程的掌控。通过最新的互联网手段，教育者从单纯的知识传授者转变为教学信息的处理者、组织者与设计者，由原来的传统知识权威转变为平等的交流者和辅助者，甚至是学习者。在网络环境下，教育者不一定比受教育者掌握更多的教育资源，甚至在某些情况下，教育者需要向受教育者学习。学生不再单纯地依赖教师的讲授，而是可以自发自觉地在网络中寻找自己真正感兴趣的知识，并对各类知识进行有目的的选择、归纳、分析、学习。他们对于各类社会事件的发生、发展情况了如指掌，及时对社会热点进行关注与追踪，不出门就可以知晓天下大事。与之相比，由于网络意识淡薄和技术水平的束缚，很多教育者在教育过程中反而处于信息获取的弱势地位，这更进一步地将教育者拉下“神坛”。此外，由于教育发生在虚拟的网络世界，因此具有了更多的不确定性和随意性，教育者在网络虚拟环境中和受教育者所建立起来的教育关系可能随时因为某些突发状况而被迫终止。

基于此，作为高校思想政治教育工作者，急需更新教育观念，提高网络技能，重新拿回教育的主导权。

其次，增加了教育环境的复杂性。网络所具有的开放性等特点打破了传统的国家疆域束缚，真正使整个世界融为一体，实现了资源和信息的共享。但同时教育环境的风险指数也大大增加了。其一，社会转型期造成思想观念的多层次倾向，人们的价值观念趋向多元化，网络信息良莠不齐、鱼龙混杂，很容易对人们的价值取向造成困惑。特别是对大学生来说，他们价值观念还不成熟，很难区分别有用心者的信息传播，对于高风险的信息缺少预警意识，极易陷入不良信息的旋涡。甚至个别大学生在错误思想的影响下，人生价值取向发生变化，最后走向误区。其二，由于网络的开放性，一些西方大国充分利用其在科技和经济方面的优势，以网络信息为载体，输出他们的生活方式、人生观、价值观，宣扬资产阶级的意识形态。他们通过这些言论的渗透，以此来弱化青年学生的社会主义信仰，以实现他们的政治图谋。由于这些言论一度在网络中大量出现，导致一些青年学生思想领域的崩塌，对社会主义的道路建设产生怀疑，缺乏信心。这些错误价值观念的传播给高校思想政治教育工作造成极大的困扰，不利于大学生正确价值观念的形成。

最后，传统理念和方法受到冲击。网络时代最大的特点就是去权威化和去中心化，造成了教育者的权威大打折扣，受教育者的主体意识增强，这就需要教育者及时转变教育理念和教育方法，树立“以学生为本”的教育理念，由传统的单向灌输式教育向双向交流式教育转变。所谓的“一切以学生为本”的教育理念，一方面要通过网络手段及时了解学生的思想动态、生活难题和情感需求等情况，并给予及时的帮助和疏导；另一方面，在教育过程中要充分尊重大学生的主体地位，进行针对性、个性化的教育实践。要尊重学生的个性，真正做到与学生平等交流，增进师生情感，在潜移默化中引导学生，促进思想政治教育工作的有效开展。同时，高校思想政治教育工作者还应转变教育方法。在传统教学中，往往按照既定的教育方案进行讲授，这种灌输式教学往往很难吸引受教育者的兴趣，甚至在某些情况下会使其产生逆反心理。在网络环境下，教育更需要突破身份障碍，实现自由、平等的对话与交流，使教育内容真正深入人心，这就需要高校思想政治教育者紧跟时代步伐，勇于开拓创新，使大学生思想政治教育踏上网络的“快车”。

二、高校网络思想政治教育工作

高校网络思想政治教育具有不同于传统思想政治教育的特点，其教育资源具有共享性和不对称性，受教育者身份具有虚拟性，教育内容具有个性化特征与开放性，方式具有交互性与多元性，教育目的具有隐蔽性，构成要素具有变异性。这些特征都潜在地决定了高校网络思想政治教育要由过去的灌输式逐渐转化为交互式，教师应承认大学生在思想政治教育中的主体性。在此，我们需要探讨的是高校网络思想政治教育的特点究竟有哪些变化，教师应根据这些变化做出怎样的教学方式改变等问题。

（一）高校网络思想政治教育的含义

目前，互联网已经成为重要的思想舆论阵地，面对网络时代的机遇和挑战，作为“生命线”的思想政治教育工作如何在“网络时代”充分发挥其“服务保证”作用，是无法回避且亟待解决的重大课题。作为对时代的回应，思想政治教育的现代维度——网络思想政治教育——受到学界的普遍关注。研究网络思想政治教育是提高思想政治教育有效性，满足时代的发展对思想政治教育提出的迫切要求。

概括来讲，高校网络思想政治教育主要是指通过教育部门和高校制定相关规章制度，教师积极引导，有效规范大学生的网络行为，提高大学生的网络安全意识、诚信意识与法治意识，积极配合高校思想政治教育工作。

要想成功进行高校网络思想政治教育工作，不仅要明确它的含义，还要对其构成要素进行分析，以便更好地对高校网络思想政治教育工作有确切的理解。

第一，高校网络思想政治教育的物理载体——互联网。互联网是高校网络思想政治教育存在的必要前提。在网络化的时代，大学生面临着一系列的问题，既有思想意识方面的，也有心理方面的，还有人际交往方面的，等等。这些问题因网络而生，需要通过在高校开展思想政治工作予以解决，同时互联网为高校网络思想政治教育提供了现代化的开放性平台，极大程度上促进了远程教育的完善及发展。正是互联网的存在，使高校网络思想政治教育成为必然，它的广泛应用在使高校思想政治教育面临前所未有的挑战的同时，又为其创造了前所未有的机遇和有利条件。

第二，高校网络思想政治教育的动力基础——教师与学生的共同努力。无论传统思想政治教育，还是网络思想政治教育，教师与学生始终是学校教育工作的主体。在网络化时代，教师除了应当注重对学生的网络行为和思想提出相应的要求外，教师自身更应积极提升专业能力，同时使道德品质日益完善。教师本身要对网络引发的社会问题客观地看待，树立平等的观念，在传道授业中潜移默化地进行网络思想政治教育。

第三，高校网络思想政治教育的主要保障——健全的制度。健全的制度不仅包括对学生的考核制度，还包括对教师以及整个学校的考核制度。秉持公平、公正、公开的原则，做到奖惩分明，提高评估透明度。高校在制定相关制度的过程中应该对互联网采取鼓励的态度，针对高校学生的特点，有针对性地解决学生在使用网络过程中所遇到的现实问题，而不是一味地批评指责。高校的各项制度在细节方面也要逐步完善，保证在执行过程中有法可依，要避免制度的漏洞，从根本上保证高校网络思想政治教育的现实意义。

第四，高校网络思想政治教育的目标——促进大学生全面自由的发展。在网络环境下，高校教育工作者不仅要对大学生进行科学知识的教育，更重要的是对大学生进行理想信念的教育。在网络环境下，大学生思想意识、价值观念、思维方式的个性化、多元化、复杂化特征明显，给高校思想政治教育工作带来较大挑战。在当前形势下，高校思想政治教育工作者要以网络为载体，加强社会主义核心价值观的理想信念教育，增强学生的学习能力，提升学生的综合能力，促进学生的全面发展。

(二) 高校网络思想政治教育的特点

互联网应用技术的迅猛发展使自己跨进了“互联网 +”时代，其鲜明特征就是依托互联网技术，将各行各业进行高度融合，赋予高校思想政治教育新的特点。

1. 可进入性变得更简单

大学生思想政治教育工作领域也可轻而易举地进入互联网平台，将自己与其他各行各业的交流与对话变得更加直接和简单。在这方面，以往的传统媒体载体由于需要大量的资金才能获得，其可进入性一直都处于劣势；而过去的互联网载体，尽管其可进入性也有了较大的提升，但是由于大学生思想政治教育工作的特殊性，其载体的应用主要集中在课堂上运用多媒体教学、在校园网站上将教师与学生的需求进行菜单式设计、利用互联网及时发布各类教学信息等较为封闭和被动的互联网世界里。而在“互联网 +”时代，由于网络异常发达，行业高度融合，技术终端层出不穷，无论是大学生，还是思想政治教育工作者，都能通过各种渠道获得最新的信息和技术，并以最简单的方式进行学习和掌握。因此，由于网络平台的开放性，高校网络思想政治教育工作在可进入性方面变得更加简单。

2. 交互功能变得更强大

信息在获取后，如果无法进行沟通和交流，将毫无用处。随着“互联网 +”时代的到来，各种搜索平台、社交网络、App 应用、即时交流工具等的出现，使得信息的沟通和交流超脱了时间和空间的限制，变得触手可及。在这方面，以往的传统媒体只是对信息进行简单摘要和传递，无法使信息进行反馈，更谈不上交流；而过去的互联网载体也只是将信息发布的平台变得更加丰富，并相应建立了信息反馈的途径，如电子邮件、网络论坛等，但因为这时的互联网技术还受到时间和空间的限制，不能超脱于时间和空间而存在，所以仍然谈不上交互功能的强大。而在“互联网+”时代，只要身边拥有一部移动终端，便可开始与对方谈妥一笔生意，支付一笔款项，购买一批书籍，实现身体各项机能的监测，完成多方视频对话，等等。这些轻而易举就可以提供的、异常强大的交互功能，使得大学生彻底改变了以往获取信息并进行信息交流的方式，他们对此乐此不疲。在这种情况下，开展高校网络思想政治教育工作，可以选择大学生普遍喜欢的、乐于接受的交流工具，实现更为强大的沟通与交流的交互性，达到教育成果的最优化。

3. 商业化开发变得更成熟

由于“互联网+”所搭建的网络平台丰富，产业链发达，使得高校网络思想政治教育工作可利用的商业开发模式也有了更大的选择面。在这方面，以往的传统媒体由于商业模式的单一化，其在教育领域的商业开发可选择面过窄，无非就是多发布电视节目、多印制报刊；而传统的互联网网络实现了一定的教育领域商业开发，如将教师的授课现场进行视频录制，以及将优秀的教育提纲及题材进行整体包装后出售等方式，也具备了一定的主动性。而在“互联网 +”时代，大学生与思想政治教育工作者的需求可以通过各种渠道反馈到各行各业的从业者那里，他们灵敏的商业嗅觉可以对大学生与大学生思想政治教育工作者的现实需求进行量身打造，定做一套大家都喜欢和接受的课件，或者建立一种新的交流模式。高校网络思想政治教育工作可以利用更多的商业开发，节约自行创造和设计的人力及物力成本。

（三）高校网络思想政治教育的基本原则

在网络时代下开展高校思想政治教育工作，必须准确把握其基本原则和主要内容。因为只有通过对两者的理性认识，才能在高校思想政治教育工作开展过程中，使教育的目的性更加明确，远景和近景目标更加清晰，有利于对思想政治教育工作者的诉求表达，实施更加科学、有效、动态的管理。

长期、艰巨和复杂的局面始终是高校开展大学生思想政治教育工作不得不面对的，而在互联网时代所带来的各种形式和内容的冲击面前，高校必须坚持思想政治教育工作的基本原则，注重师生的互动交流，注重网络的扬长避短，注重线上与线下渠道的有机融合，注重思想政治教育的监督与引导，从而全力推动并促进高校网络思想政治教育工作的科学发展。

1. 注重师生的互动交流

以师为尊是我国传统教育模式的核心思想，师生关系永远是自上而下的，这在高校教育中体现得更为明显。教师根据其掌握的学术知识和教学资源，在对学生的教育过程中始终处于“授”的角色，即教师在讲台上，对知识进行“灌输式”传达，类似发布命令。而学生在教育过程中始终处于“收”的角色，即坐在课桌前，听着教师的“灌输”，囫囵吞枣地填进大脑，类似听从命令。但是在互联网时代下，各种网络信息共享性非常强，长期作为听从命令的学生一方可以通过互联网所搭建的平台，逐步增加掌握教学资源的机会，同时还可以不断接受来自其他各方面观点和思想的冲击，使其知识面和视野得到有效拓展。在这种情况下，学生的自我定位会发生改变，他们变得更习惯或更喜欢网络世界里的平等交流方式，要求教师与其对话和交流。而作为长期发布命令的教师一方，由于不再独占知识和资源，不得不面对学生定位的改变所带来的互动交流需求。基于上述情况，过去习以为常的自上而下的、传统的师生关系，在互联网时代下，必须向更加注重平等和互动交流的师生关系发展。

2. 注重网络的扬长避短

互联网因其平台的独特性，收纳和传播了形形色色的信息和资源。其在不断拓展师生视野、丰富大学生阅历、激发大学生探索意识等方面为高校进一步开展网络思想政治教育工作提供了前所未有的良好机遇。而如何有效发挥互联网的平台和信息资源优势，使其更好地为高校开展思想政治教育工作服务，迫切需要高校思想政治教育工作者审时度势、去伪存真。作为教师，不但要充分认识互联网存在的现实性，而且要懂得辨别互联网上各种鱼龙混杂的信息和资源，特别是要区分网络世界中存在的低俗、暴力等信息和资源。对于尚处于青春期的大学生而言，由于其思想觉悟不高、知识阅历不深，如果任由这些负面信息和资源在其思想和意识中生根发芽，那么对大学生未来成长和成才的打击将是致命的。为此，注重对网络的扬长避短是高校网络思想政治教育工作必须坚持的重要原则。通过有效的监督和管理手段，积极引导大学生远离各类负面信息和资源，树立正确的人生观、世界观和价值观，确保高校网络思想政治教育工作取得明显成效。

3. 注重线上与线下渠道的有机融合

网络平台上的思想政治教育方式只是众多高校思想政治教育方式中的一种，并不具备独占性和唯一性。更何况作为个体的人所存在的世界始终是现实的世界，毕竟线上的思想政治教育方式过于虚拟，而且更多的是对现实问题的折射。

究其根源，一切问题的产生和解决都必须在现实世界中进行，而非虚拟的网络世界。因此，我们在探索高校网络思想政治教育方式时，依然要注重在线下与师生能够真正面对面交流的思想政治教育方式。通过这种线上和线下相结合的、多样化的方式来引导师生，可以及时关注和有效解决高校网络思想政治教育工作面临的各类问题。

4. 注重网络平台的监督与管理

由于当代大学生的学习和生活越来越离不开网络，因此通过建立相关的网站和网页，对大学生实施积极的引导是高校网络思想政治教育工作的重要方式。但是在建立的网站和网页中，为了更好地发挥思想政治教育的积极引导作用，一是必须要加强对网站和网页内容的监督和管理，通过引入防火墙机制、关键字屏蔽等各种先进的手段，及早发现、及时清理各种负面的信息和资源，并对可能存在的各种网络病毒加强预警，以确保校园网站、微信公众号、微博等的健康和安全运行。二是在校园网站、微信公众号、微博等平台中反馈的学生意见和建议可以真实地反映大学生的所需所想，通过这种有的放矢的方式，高校思想政治教育工作者能够更加密切地关注到学生的思想动态和需求，从而为开展正面引导的思想政治教育活动提供保障。

三、高校网络思想政治教育的主要内容

结合当前我国高校网络思想政治教育工作的具体实践，工作应包括以下主要内容：

(一) 网络舆论安全教育

舆论是一种强大的社会精神力量，其作为一种社会意识，能够迅速、直接地反映和反作用于社会存在。大学生作为国家经济社会建设发展中的优秀人才储备，往往也是各种势力争相诱导的潜在对象，在其身边充斥着各种意识形态的舆论宣传。为有效地保护大学生免受不良舆论宣传的影响，必须开展大学生舆论安全教育工作。其中最有效、最有力的反击手段就是坚持全面推动习近平新时代中国特色社会主义思想进教材、进课堂、进学生头脑，把社会主义核心价值观贯穿教育全过程。只有真正用社会主义核心价值体系来武装自己的头脑和支配自己的行为，才会时刻保持清醒，不被其他意识形态所侵蚀。高校大学生思想政治教育工作者可以通过互联网提供的网络平台，将习近平新时代中国特色社会主义思想、社会主义核心价值观及我党历年来优秀的理论和实践成果进行舆论宣传，强化其对社会产生的正确的、积极的影响，从而引导大学生自觉树立基于社会主义核心价值体系的评判

标准，在面对其他舆论宣传时，以此武装自己的头脑不受侵蚀，做出顺应历史潮流、符合社会及学校利益的价值评判，营造有利于校园和谐发展的正确舆论氛围。

（二）网络信息素质教育

信息素质是随着互联网发展而产生的一种人人必备的基本素质，它是集信息知识、信息能力、信息意识和信息伦理为一体的多种素质的总和。特别是在互联网时代下，个体是否具备信息素质显得尤为重要。高校在开展网络思想政治教育工作的同时，对于身处信息洪流中的大学生，在使其接受更高层次、更宽维度教育的同时，也要积极创造条件使其加快适应互联网的发展。这就需要强化大学生对信息的利用能力，包括信息的获取、辨别和加工三个方面。同时，大学生在培养了怎样对不同的网络信息进行利用的能力之后，还要学会在受到信息侵害时对自我进行积极和有效的保护。网络信息不是天然形成的，是随着网络的发展而不断产生和传播的，同时信息素质因为和网络信息相伴而生，所以它们的发展路径是一致的。既然信息素质也有其产生和发展的规律，那就可以通过学习而获得，这种通过对其规律进行学习，以提高大学生信息素质为目的的实践活动就是信息素质教育。鉴于在互联网时代下，我国大学生有时会缺乏对网络信息进行有效洞察、选择的能力，也缺乏对网络资源的合理利用能力，因此，在我国高校网络思想政治教育工作中，必须强化大学生的信息素质教育，这主要体现在通过开设专门的网络素质教育课程，着重锻炼学生信息意识的养成、对信息知识的掌握、对信息进行甄别和处理等多个方面的能力，其中，尤其以对信息进行甄别和处理能力的培养最为重要。

（三）网络心理教育

人的心理问题不是主观臆想的，而是客观存在的，如果处理不及时，会对身心健康造成极大的伤害。而心理问题又分为个体的心理问题和群体的心理问题。在互联网时代下，面对网络世界里各种各样充满复杂心理因素的舆论行为，大学生作为其中的一名普通网民，由于其正处于青春期，无论是生理上，还是心理上，都不成熟，在面对这些舆论行为的不断冲击甚至是刺激下，大学生个体脆弱的心理防线极易出现失衡、崩溃等问题。在贴吧、微博、微信、抖音、B 站等网络载体发展壮大后，越来越多的大学生聚集在这种网络载体下，通过营造新的网络语言、编排新的网络行为模式，达到情绪宣泄、寻求心理慰藉的目的。此时，更多的大学生通过相互间的交流和沟通，特别是在从众心理的影响下，会将个体的心理问题转化为群体的心理问题。而一旦这种群体心理问题呈消极和负面的发展态势，就会迅速转化为网络舆论暴力，对社会造成极其恶劣的影响。在互联网时代下，大学生无论是个体心理问题，还是群体心理问题，都属于典型的心理疾病，学校不能置之不理，必须积极开展摸排和研究，及时发现问题苗头并予以处置。我国高校的大学生思想政治教育工作要特别懂得利用网络平台，定期对大学生网民的心理健康进行抽样调查，并将有效预防心理疾病的知识进行浅显易懂的宣传，积极培养大学生良好的心理素质。

（四）网络法制教育

互联网发展至今，始终无法回避的一个重要问题就是它自始至终都是依托虚拟社区的形式而存在的，尽管它在我们的生产、生活乃至经济社会发展的整个过程中都具有无法替代的、深刻的、全面的影响力。特别是在“互联网 +”时代下，因为各行各业的深入融合，这种现实的影响与虚拟的存在之间的矛盾变得更加明显。在传统思想政治教育领域，以往那种教育者和受教育者间自上而下、发布命令与接收命令的关系被冲击和突破，学生变得越来越喜欢并且也实实在在地享有自主的话语权。依托互联网提供的各种网络平台，大学生们由于其生理上的不成熟，无论是采取匿名的形式，还是真实身份的形式，他们开始尝试与来自各个地方、不同国家，拥有多种思想意识的人群进行沟通和交流，这就为高校对社会舆论导向的控制带来了巨大的压力。为此，本着高校人才培养的核心原则，在开展大学生思想政治教育工作的同时，就迫切需要把网络法制教育引入大学生思想政治教育课堂，确保大学生在网络的虚拟世界中开展对外交流和沟通时，能够始终保持网络法制思想的清醒意识，自觉抵制网络不法行为。特别是在微信、微博等各种新媒体网络平台中，要更加注重建立法制思想宣传板块，这是对大学生网民进行约束、提高他律的必要手段之一。

（五）网络伦理教育

近几年，“人肉搜索”、网络脏话等网络暴力行为层出不穷，无处不在地充斥于互联网中。这是带有极度迫害性及煽动性的冲动之举，是极易触犯法律底线的一种不负责任的行为。而大学生作为网民中的一员，因为其心理上的不成熟，从众心理明显，所以极易参与其中。对此，在互联网时代下，如何开展对大学生的网络伦理意识教育显得迫在眉睫。有效避免网络暴力行为，其核心在于广大网民要有基本的伦理道德意识和法律意识，不能以侵犯他人为乐趣，以打击别人为爱好，而是要自觉提高自身素质，在网络社区里始终保持客观、公正、理性、谨慎的头脑，不轻信、不发布、不传播各种未经证实或已经被驳斥的谣言。所以，净化舆论环境，自律是关键。在互联网时代下的高校大学生思想政治教育工作中，提高大学生在网络上行使公众话语权时的自律意识和责任意识是做好网络伦理教育的核心。对此，应通过校内广播电视台和电台、校园内各种报刊等传统媒介，各院系、社团组织建立的微信、微博等网络载体，以及广泛举办的各类研讨会、学术讲座、校园晚会等活动形式对大学生道德观念的养成进行正面宣传，正确引导大学生在网络中行使话语权时能够不断强化道德意识，坚持文明礼貌上网。

第二章
高校网络思想政治教育的理论依据

网络思想政治教育是思想政治教育的全新形态，从研究和实践活动的层面上看，都有其特有的理论基础作为指导，马克思主义科学理论体系中的很多基本原理和理论是其主要的理论基础。同时，由于多学科整合研究的特点非常明显，因此，网络思想政治教育要从传播学、社会学、文化学、心理学和教育学等学科中丰富知识来源。

一、高校网络思想政治教育的理论基础

马克思主义理论体系中的社会存在与社会意识辩证关系的理论、马克思主义人学理论、马克思主义经典作家关于科学技术与社会发展的理论都是网络思想政治教育的理论基础。

（一）马克思主义关于社会存在与社会意识辩证关系的理论

网络思想政治教育是网络环境中思想政治教育的新形态，

它要引导网络环境中人们思想品德的转化提升，社会存在与社会意识辩证关系理论揭示了人们思想形成发展规律，是网络思想政治教育研究的唯物论基础。马克思主义关于社会存在与社会意识的关系问题是社会历史观的基本问题。社会存在也称社会物质生活条件，是社会生活的物质方面，主要是指物质生活资料的生产及生产方式，也包括地理环境和人口因素。社会意识是社会生活的精神方面，包括各种社会意识形态和社会心理，主要包括政治法律思想、道德、艺术、宗教、哲学等，它们从不同方面发挥独特的作用。社会存在决定社会意识，社会意识的任何重大变化归根结底都是由社会存在变化引起的。社会意识又具有相对的独立性，对社会存在具有能动的反作用。“批判的武器当然不能代替武器的批判，物质的力量只能用物质的力量来摧毁，理论一经掌握群众，也会变成物质力量。”“代表先进阶级的正确思想，一旦被群众掌握，就会变成改造社会、改造世界的物质力量。”[①] 这就说明社会意识和理论对社会存在反作用，精神力量在一定条件下是可以转化为物质力量的，精神力量只有通过群众的实践才能发挥作用。进步的社会意识能够促进、加速社会存在的发展，反动的社会意识对社会存在的发展变化起阻碍、延缓的

① 见《〈黑格尔法哲学批判〉导言》，转引自《〈黑格尔法哲学批判〉导读》，何历宇编著，中国民主法制出版社，2017年，第16页。

作用。马克思主义关于社会存在与社会意识辩证关系的理论为人们正确认识思想的起源、形成、发展的规律提供了理论依据。社会存在与社会意识辩证关系理论对网络环境中人的思想形成发展的指导作用表现为以下几个方面：

首先，社会存在决定人的思想内容。思想政治教育活动必须根据社会存在决定人们思想的客观规律，全面考察教育对象所处的环境和自身身心发展的规律，把握其思想形成变化的外部客观因素，有针对性地组织与实施思想政治教育活动。网络作为新技术发展的产物和人类的新型交往空间，与现代人的经济、政治和文化活动紧密相关，它是一种崭新而强大的社会存在。人们在网络环境中会形成各种新的思想观念，先进的思想会推动网络的发展，落后的思想则会制约网络的发展。网络思想政治教育者在具体工作中，不仅要收集思想信息本身，还要了解网络社会的环境条件，了解当时政治、经济、文化的发展状况，以及社会风气和道德风貌，再把网民的思想放到特定环境中去考察，真正把握网民的精神实质以及思想观念变化的本质，这样才能有效地开展教育活动。在网络思想政治教育研究和实践活动中，研究者和教育者切忌从本身的主观臆想出发，凭想象、估计和感性经验来开展活动，而是要注重调查研究，深入了解网民实际情况，始终坚持关注网民的思想状况、实际思想水平及其思想品德形成发展的规律，自觉地把感性经验上升为理论，并指导实践。

其次，人的思想对社会存在起着能动作用。人只有在正确思想的引导下，以自己的行动来改变客观世界，才能充分地发展和完善自己。一旦先进的思想占据人的头脑，就能对社会的发展起巨大的推动作用，而落后的思想则会阻碍和延缓社会的发展，甚至造成对社会的破坏。教育者就是要通过思想政治教育，传播先进的思想、理论，武装人们的头脑，指导社会实践活动，促进社会的发展和进步。网民在网络里不是被动的，要开展网络思想政治教育，必须注重发挥网民的主动性、积极性和创造性，通过网络来为网民思想品德的转化提升服务。同时，网络也常常由于网民的错误思想观念，而成为负面事件和社会不稳定因子的多发地，这也阻碍了网络社会的健康发展。网络思想政治教育就是要通过网络传播社会主义核心价值体系，引导网民形成正确思想，规范其网络行为，从而净化网络空间，促进网络社会良性发展。

最后，人的思想转变和发展最终是由社会物质生活条件所决定的。无论人的思想反映和改造客观世界的能动作用多么强大，都不能从根本上改变人的思想对外部客观世界的依赖性。人的思想的转变以及正确思想的形成最终是由物质生活条件所决定的。思想政治教育必须从客观实际出发，遵从客观规律，才能有效地转变人的思想，达到促使人们树立正确思想的目的。网络这种新生事物的出现和它对人们生活方式的深入影响，使得人们的思想发生了很大变化，我们不可能“隔离”网络，或置身网络世界之外。要想引导人们在网络环境中形成正确的思想，就必须深入了解网络技术、网络社会和网络文化融合发展的各方面情况，从揭示网络思想政治教育本质和规律性的层面深入研究理论，并指导网络思想政治教育实践的有效进行。

(二) 马克思主义人学理论

网络思想政治教育的目标是引导受教育者形成网络社会所要求的思想品德，优化人的网络生存方式，最终促进网络环境中的人自由而全面地发展。马克思主义人学理论是网络思想政治教育的重要理论基础。马克思主义人学理论是马克思主义关于人的哲学理论，它以人这一特殊社会存在物为研究对象，科学揭示了人的生存和发展的一般规律。马克思主义人学理论研究人的存在、人的本质和人的发展，其内容博大精深，涉及人性、人的本质、人的主体性、人的需要、人的价值、人权、人的自由、民主、平等、公正以及人的发展等重大理论问题。存在论、本质论和发展论是马克思主义人学理论的三个主要方面。

1. 存在论

思想政治教育的原本目的在于促进人在社会中的生存和发展。马克思主义认为，人是实践的存在，是“现实的个人”的存在。马克思和恩格斯指出他们的哲学的出发点是从事实际活动的人。应该从现实的、有生命的个人本身出发，来研究处在现实的、可以通过经验观察到的、在一定条件下进行的发展过程中的人。马克思还进一步指出，人不仅是现实的、具体的，而且是历史的，对人的考察应该总是在人和历史的互动中，对人的过去、现在、将来及其各自特征进行分析。在此基础上，马克思进一步指出，人是从事实践的人，实践是人类最根本的存在方式，人及社会在实践过程中诞生和发展起来。实践改变了世界的存在方式，改变了人与世界的关系，使人最终获得生存和发展的自由。人的存在表现为人的现实性、历史性和实践性。马克思不仅指出了人的存在就是他的实际生活过程，而且揭示了人的生存的实践特质。思想政治教育是人的一种精神实践活动，也是人生存发展的一种重要方式，人从事这样一种活动，过这样一种生活，只能是出于维护与促进自身存在和发展的需要。马克思主义关于人的存在理论让我们清晰地认识到，思想政治教育发端于人更好地生存和发展自己的需要。

网络环境对人们的影响日益深刻，网络已成为人类新型的生活方式，人们必然会执着地追求如何更好地生存于网络中，并优化自身的存在和发展方式。网络思想政治教育的出现也就是发端于人在网络中更好地生存、提升和发展自己的需要。马克思主义关于人的存在理论，对于厘清网络思想政治教育的目的和任务起着重要的指导作用。同时，网络自由、平等、互动、开放等特性对于人更好地生存于环境中，发挥人的潜能，提升人的价值等方面都有深刻影响，因此网络思想政治教育的实践价值中很重要的部分就是提升、优化了人的生存发展方式。

2. 本质论

马克思主义认为，人的本质是劳动实践。实践是人类所有本质特征中最具决定性意义的因素，它是这些特征以及整个人类产生和存在的基础。马克思主义还特别强调了社会关系的意义，明确指出："人的本质不是单个人所固有的抽象物，在其现实性上，它是一切社会关系的总和。"这一论断是马克思主义关于人的本质的总纲和全部理论的基石。人的本质是社会关系的总和，与人的本质是劳动的结论是完全一致的，它进一步指出了考察人的本质的具体途径就是只有从分析社会关系入手，才能真正把握人的本质。人的本质是由社会关系决定的，社会关系可分为物质的社会关系和思想的社会关系。人从出生的那天起就置身一定的社会关系中，这些关系主要有经济关系、职业关系、政治关系、法律关系、文化关系、伦理道德关系、民族关系、家庭关系、地域关系等，其中，经济关系起主导作用。人的本质随历史的发展而发展，在社会不同的历史时期，人们的生产方式不同，人与人之间交往所结成的社会关系也是不同的，人的本质也就呈现出不同形态，不同社会的生产方式铸成人不同形态的本质。网络作为一种社会存在，推动了人的实践和社会关系的发展。人为了生存和发展，就会产生与他人交往的需要。网络是适应人的交往需要而产生的，它体现了发展着的社会关系。网络是作为人类的“第四媒体”出现的，传播者和受传者在网络中的角色频繁互换，这就使得个人在传播领域中的地位和角色不断发生着变化，直接导致个人在社会生活中的地位和角色的变化及个人社会化程度的提高。网络使得原本相对孤立的个人之间或个人与社会之间联系得更加紧密，网络的开放性使得人类自身与外界联系的广度和深度都得以拓展。个人通过网络与外部世界不断增进联系的结果，也会使得个人自觉或不自觉地增强社会化程度。网络促使个人在社会生活中成为更加主动的一方，成为一种不可忽视的社会力量。网络成为人类的“第二种交往方式”，网络社会的崛起正是各种社会关系发生变化的集中反映，这也必将对人的思想观念的变化产生深刻影响。马克思主义关于人的本质理论为思想政治教育对人的思想的科学认识和培养人提供了理论指南，对网络思想政治教育也产生了强大的指导作用。

3. 发展论

思想政治教育的最高目的在于促进人的自由而全面的发展。马克思在《德意志意识形态》中正式提出了“人的全面发展”这一科学概念，以后又在许多重要著作中做了系统阐述，建立了科学的人的全面发展学说。根据马克思的观点，人类的整个活动（不管人们是否意识到）都不是毫无目的的，而是内在的、必然的、为一定目的而存在的。人类活动的目的就是人的生存和发展，二者是辩证的统一体。人类要获得发展，就首先要解决生存问题，生存是发展的基础和条件，而当人类解决了生存问题之后，人的发展和人的全面发展就会成为整个社会及整个人类活动追求的最高目标。人的全面发展是相对于人的片面发展而言的。马克思主义要争取实现人的全面发展，不只是单个人的发展，而是要使“每个人”或“任何人”，即“全体社会成员”都能普遍地得到发展。马克思主义关于人的全面发展的内涵主要包括体力和智力充分自由发展、人的才能多方面发展和个人社会关系的高度丰富和发展。马克思所强调的社会关系发展是人的全面发展的重要内容，发挥人的主体能动作用，从而使人们突破个体或地域对人的全面发展的限制，在更广阔的社会交往中使人的能力得到更大的发展。马克思主义关于人的全面发展的科学理论是建立在社会物质生活条件的发展即社会存在的发展所提出的已经成熟的任务基础上的。按照马克思的论述，实现人的全面发展还必须具备以下三个条件：一是社会生产力的高度发展是实现人的全面发展的物质前提。人的全面发展由于受生产力和生产关系的影响，具有历史性和现实性的特点。从历史性来看，生产力发展水平制约着人的发展状况，人的发展水平与生产力发展水平相一致；社会的分工会导致人的片面发展，而私有制还强化了这一趋势；现代大工业生产和科学技术进步为人的全面发展提供了物质基础和可能性。二是自由时间的增加是个人全面发展的基础。自由时间是指可以自由支配的时间，即可以用于从事科学、艺术、社会活动等非物质生产活动的时间，有了充分的自由时间，个人才能全面发展。三是社会关系的丰富是个人全面发展的重要条件。人的全面发展是社会前进的必然趋势和未来社会的终极目标。人的全面发展理论对明确思想政治教育的出发点和最终归宿点有重要帮助。思想政治教育的主题是做人的工作，通过调动和发掘人的主动性、积极性和创造性来实现人自身和社会的全面发展。网络自由、平等和开放的环境特性，使得人们交往空间的扩大变得比以往任何时候都要容易，对个体潜能的全面开发成为网民们的共同追求，网络仿佛为人的全面发展提供了现实空间，但面对网络交往的匿名性和不可控性所带来的负面影响，网民的思想观念和行为方式也常常会变得更局限、狭隘和倒退。网络思想政治教育的终极目标是引导网络环境中的人们，尤其网民实现自由而全面的发展。

（三）马克思主义经典作家关于科学技术与社会发展的理论

19世纪中后期，马克思和恩格斯深刻地分析了科学技术对生产和社会变革的巨大推动及引领作用，总结了科技进步的历史事实，认为“劳动生产力是随着科学和技术的不断进步而不断发展的”。马克思把科学首先看成历史的有力杠杆，看成最高意义上的革命力量。马克思和恩格斯认为，科学技术具有推动历史前进的价值，指出科学技术可以改变一个时代，“在这个时代里，蒸汽和风力、电力和印刷机、大炮和金矿的联合作用在一年中引起的变化和革命要多过以往整整一个世纪”。马克思站在整个人类社会发展的高度来看待科学技术，认为科学技术本身并不是消极的统治人的力量，而是一种伟大的革命力量，科学技术为未来社会的发展创造了必要的物质基础。恩格斯正是在这个意义上强调，自然科学中所取得的每一个划时代的进展都会使唯物主义改变自己的形式。列宁在建立和巩固世界上第一个无产阶级政权的同时，也高度关注自然科学的最新成果，并依据这些最新成果发展了唯物主义和辩证法的基本原理。在十月革命胜利后，列宁多次阐述了科学技术与建设共产主义的关系，指出：“正是社会主义学说，也正是对其他国家的观察，使得我们坚信：除非是在具有科学知识的农艺师的指导下，农业工人能用最好的机器来共同耕种，否则就无法摆脱资本主义的压迫”。“要建设共产主义，就必须掌握技术，掌握科学，并为更广大的群众运用它们”。列宁阐述了科学技术在社会主义建设中的地位和作用，并把依靠科学技术的大机器工业看作社会主义的物质基础。

马克思主义经典作家关于科学技术与社会发展关系的理论最终着眼于人类自身的和谐发展。科学技术既是人类认识自然和改造自然、推动社会进步的有力手段与工具，又是人的自由全面发展的重要内容与条件。一方面，科学技术是人类改造自然对象的产物，它的出现标志着人类生产力发展的飞跃；另一方面，科学技术的发展可以增进人类精神生活的丰富性，并增强人类的自我发展能力，从而有助于人的自由全面的发展。科学作为一种在历史上起推动作用的革命力量，通常以两种方式对社会产生作用和影响：一种是技术性的，“现代科学为生产技术的进步开辟道路，决定它的发展方向”；另一种是教育性的，“它直接作用于人的理智和心灵，对社会精神生活发生影响”。互联网的出现不仅带来了信息传播技术的根本性变革，而且对社会生活的各个领域和人自身的生存与发展产生了广泛而深刻的影响，随着网络技术的进一步发展，这种影响力发展成引起网络社会各种社会关系变化的巨大革命力量。伴随着网络的出现并逐渐形成网络社会，网络思想政治教育作为思想政治教育的全新状态形成发展起来，马克思主义经典作家关于科学技术与社会发展关系的理论对网络思想政治教育必然有重要的指导作用。

二、高校网络思想政治教育的理论借鉴

思想政治教育学本身就是一门综合性、应用性很强的新兴学科，它除了要以马克思主义的基本原理和马克思主义中国化的理论成果作为理论基础，还要从相关的学科中汲取营养，丰富扩大自己的知识来源，充实自己的理论体系。网络思想政治教育是思想政治教育的全新形态，对其开展研究也同样需要从相关学科中吸取营养。同时，由于是基于网络媒体技术、网络社会和网络文化融合发展的理论基点来研究网络思想政治教育，因此，这类研究多学科整合的特点更加明显。网络思想政治教育可以从很多学科中汲取知识营养，下面主要介绍从传播学、社会学、文化学、心理学和教育学等学科中丰富的知识来源：

（一）对传播学知识的借鉴

传播学是研究人类一切传播行为和传播过程发生、发展的规律以及传播与人和社会的关系的学科。传播学研究所包含的内容非常广泛，传播可以是指任何信息在个体间传播交流的过程，涵盖了沟通、交流、通信等内容。网络不仅是技术工具，也是一种新型媒体，它是继报纸、广播、电视之后的大众传播的“第四媒体”，网络传播是一种集人际传播、组织传播、大众传播等特点为一体而融合发展的新型传播方式，网络媒体一经出现，就成为现代传播学研究的重点。从某种意义上说，网络思想政治教育是传统思想政治教育与现代互联网技术、移动通信技术相结合的产物，也是传统思想政治教育在网络社会中的延伸与拓展，对网络媒介的研究是网络思想政治教育研究的基础任务，因此，对传播学相关理论知识的借鉴成为必然。同时，网络思想政治教育是一种教育活动，教育过程本身也是要传递、沟通和交流信息的，为了更好地开展网络思想政治教育，必须借鉴传播学的相关理论知识。

传播学关于网络传播研究所取得的成果对网络思想政治教育有直接的借鉴作用。网络思想政治教育是基于网络出现而产生的，网络思想政治教育活动的开展必然在网络环境中进行，教育活动也是一种传播活动。人类在网络中的行为、交往等方式都发生了很大变化，网络传播理论对我们全面认识网络思想政治教育中人的思想、活动方式和特点有直接的知识借鉴作用。传播学所揭示的是拉斯韦尔的“5W”传播模式理论——谁（Who）？什么（What）？对谁说（to Whom）？通过什么渠道（in Which Channel）？取得什么效果（With What Effect）？依据这一理论，我们要全面关注网络环境下思想政治教育内容生成与传播的全过程及其规律，要深刻把握大学生网民的认知规律，要不遗余力地、科学地加强和改进议程设置，真正实现以科学的理论武装人、以正确的舆论引导人，确保高校网络思想政治教育的实际效果。

（二）对社会学知识的借鉴

社会学是研究社会和社会问题的一门科学，它把社会当作一个整体，研究各种社会现象之间的关系及其发展变化的规律。社会学的研究对象范围很广泛，家庭、各式各样的组织、企业、城市、市场、政党、国家、文化、媒体等都是社会学研究的对象，其研究对象小到几个人面对面的日常互动，大到全球化的社会趋势及潮流。人的思想形成和变化总是受到社会存在等诸多因素的影响和制约，社会学所研究的社会问题都会成为人们思想产生和变化的原因。网络对人们生活方式和人类社会的深刻影响已经凸显其重要的社会文化意义，这就必然要求不能把这种教育活动仅仅放在相对封闭的学校等社会组织中去研究，网络思想政治教育的社会化趋势已经十分明显。社会学研究的网络社会问题也是网络思想政治教育研究的新课题。社会学大量丰富的理论成果必然成为网络思想政治教育借鉴的知识库。

关于网络社会研究的理论对网络思想政治教育有很强的借鉴作用，这种借鉴是全方位的、深入的。当前要开展网络思想政治教育的研究，必须密切关注网络社会的发展，对网络社会的研究成果有较全面的把握。网络思想政治教育就是网络环境中思想政治教育的全新形态，关于网络社会方方面面内容的研究有助于网络思想政治教育超越网络工具性层面而站在网络社会观角度来开展研究和实践，认清网络思想政治教育所处的环境，把握教育者和受教育者网络互动的社会关系，分析思想政治教育在虚拟空间的运行过程，在网络社会中给思想政治教育准确定位，从而有效发挥网络思想政治教育的作用。

（三）对文化学知识的借鉴

文化学是研究文化现象或文化体系的科学，主要探讨各种文化现象的起源、演变、传播、结构、功能、本质，以及文化的个性与共性、特殊规律与一般规律等。文化学的研究范围极广，研究内容丰富。文化包含了物质、制度、精神等层面的内容，文化反映在人类的活动中就是一种生活方式。网络文化是网络环境中人类全新的生活方式，先进网络文化的建设有利于人们适应网络社会的生活，并在网络中全面成长。网络思想政治教育要借鉴文化学的相关理论知识，把握网络环境中人们的思想、行为特点，推动先进网络文化的建设和管理。

1. 借鉴文化学研究文化内涵的理论

从广义上来讲，文化是人类作用于自然界和社会的成果的总和，包括一切物质财富和精神财富；从狭义上来讲，文化指意识形态所创造的精神财富，包括宗教、信仰、风俗习惯、道德情操、学术思想、文学艺术、科学技术和各种制度等。思想和理论是文化的核心、灵魂，是人们对伦理、道德和秩序的认定与遵循，是人们生活生存的方式方法与准则。网络文化也是一种全新的生活方式。文化是一个内容很宽泛的概念，对文化结构解剖的论点很多，有两分说，即物质文化和精神文化；有三层次说，即物质、制度、精神；有四层次说，即物质、制度、风俗习惯、思想与价值；有六大子系统说，即物质、社会关系、精神、艺术、语言符号、风俗习惯等。一般而言，文化大致可归纳为物质文化、社会文化和精神文化三个部分。其中，物质文化是指生产工具、生产设备、交通工具、房屋家具、衣饰与饮食等；社会文化是指社会制度、生产方式、风俗习惯、人际关系、价值观念、道德标准和行为模式等；精神文化是指科技知识、文学艺术、哲学、思想、信仰、价值观念等。文化的基本特征包括：①时代性和民族性，文化就其存在状态而言，不是凝固不变的，它将随着社会的变迁而变化，不同时期的不同民族都有自己独特的文化。②继承性，文化的发展不可能脱离人类文明发展史的大道，任何后来的文化都包含着对以往文化的继承。③模式性，文化就其动态而言，是指社会的生活方式，体现为人们的风俗、习惯、行为、价值观念等。它是人类群体（包括家庭、民族、社会）共同享有的一种生活方式，而不是某一个人独享的生活方式。④功能性，由于文化归根结底是人们的生活方式，并集中地表现为人们的行为规范，因此文化对人们改造客观世界具有很大的能动作用。有怎样的文化，就有怎样的行为规范，就会有怎样的文化功能和文化效用。

由此可见，文化在社会群体中表现出来就是一种生活方式和行为方式。生活方式就是在一定的历史时期与社会条件下，各个民族和社会群体的生活模式，是他们满足自身生活需要的全部活动形式与行为特征的体系。随着网络渗透进人类生活的方方面面，网络文化成为人们一种全新的生活方式。研究网络环境中人们的思想、行为、习惯、价值观念等就是研究网络文化。网络思想政治教育研究网络环境中人们思想政治品德的形成和提升其实就是要通过深入研究人们的生活方式来展开，也就是要通过对网络文化的全面剖析来进行。

2. 借鉴文化学研究文化功能的理论

文化是人类社会的灵魂，在人类社会处于核心地位。文化的功能可以表现为：①文化具有对社会信息进行复制和交流的功能，从而实现知识的传承。②文化具有使人成为社会合格成员的教化功能，从而可以培育和塑造人。文化中包含着理想、目标、道德规范和法律制度，具有明显的价值引导功能，会对社会成员的观念、态度、行为产生引导作用。③文化具有形成民族归属感和社会认同感的凝聚功能。文化对生活于其中的人们会产生同化作用，为他们的价值观、审美观、是非观、善恶观涂上基本相同的“底色”，也为他们认识、分析、处理问题提供大致相同的基本点，进而化作维系社会、民族生生不息的巨大力量。④文化具有对社会和人的活动进行调控的实践功能，进而促进社会变革。任何社会形态的文化本质上不只是对现行社会的肯定和支持，而且包含着对现行社会的评价与批判。它不仅包含着这个社会“是什么”的价值支撑，而且蕴含着这个社会“应如何”的价值判断。文化促进着人类历史上新的制度战胜旧的制度。文化批判不是一种简单的否定方法，而主要是一种价值指向性的反观自照。人们正是通过对制度的文化批判性的反思活动来寻找制度创新的深层原因，在此基础上去寻求制度创新的突破口，以此来推动制度文明的发展。⑤文化支撑着经济发展。文化赋予经济更强的竞争力，经济活动中产品的文化含量越高，在市场中实现的经济价值就越大。“一个国家是存在两种实力的，一种是硬实力，另一种是软实力。硬实力通常是指国家的 GDP、硬件设施等，而文化、制度、传媒等被称为软实力。”党的十九大报告提出，文化是一个国家、一个民族的灵魂。文化兴国运兴，文化强民族强。没有高度的文化自信，没有文化的繁荣兴盛，就没有中华民族的伟大复兴。要坚持中国特色社会主义文化发展道路，激发全民族文化创新创造活力，建设社会主义文化强国。[①] 我们党和国家已经把提升国家文化软实力作为实现中华民族伟大复兴的新的战略着眼点。构建社会主义核心价值体系，努力提高国民综合素质，是增强文化软实力的重要方面。

关于研究文化功能的理论知识，尤其对文化传承、文化批判、文化培育、文化软实力等问题的探讨，对网络思想政治教育明确自身的任务和内容都有直接的借鉴作用。网络思想政治教育必须增强时代意识和责任意识，积极建设并传播

① 参见习近平《决胜全面建成小康社会，夺取新时代中国特色社会主义伟大胜利——在中国共产党第十九次全国代表大会上的报告》。

先进网络文化，引导人们在健康的文化氛围中形成社会所需要的思想政治品德。

3. 借鉴文化学研究网络文化的理论

网络文化是一种新生事物，是一种新兴文化形态，是人们的一种全新的生活方式。关于网络文化的研究成果颇多，由于网络技术还在不断进步，网络社会的形成还在进一步成熟，网络文化的内容也在不断地丰富和发展。一般而言，网络文化是人们在网络环境中进行工作、学习、交往、沟通、休闲、娱乐等所形成的活动方式及其所反映的价值观念和社会心态等方面的总称，包含人的心理状态、思维方式、知识结构、道德修养、价值观念、审美情趣和行为方式等方面。关于网络文化的特性，学者们从不同角度研究形成的著述和观点颇多。有的学者认为，相对于传统的农业文化、工业文化，网络文化的特点非常鲜明。网络文化是知识海量性的文化，是充分释放人类情感的文化，是价值多元化和信仰复杂化的文化，是具有巨大包容性的文化，是具有更新的、快捷性的文化。有的学者认为，网络文化是补偿性文化、极端性文化和大众性文化。有的学者认为，网络文化需要以计算机、通信等技术为支持；人的需求的挖掘与满足是网络文化发展的内在推动力；网络文化具有匿名性、共享性、开放性（互动性）、时空交叠性、平等性、参与性等特点；网络文化中个性与原创受到重视，各类小众群体日益增多；网络文化被广泛地认为具有更新人类文化生存方式的前景；普通网络民众越来越呈现出网络文化建设主体的地位与社会功能，他们通过各种形式成为信息的发现者、传播者与分享者。有的学者认为，网络文化是以高科技作为基础，具有虚拟性、交互性、开放性、去中心化等特征，认为网络文化是个体自主性的充分表达，是人的创造性被高度激发的产物。

对于网络文化的理论研究，也就是对网络环境中人们生活方式的揭示，这类研究成果对于网络思想政治教育的借鉴价值是很大的。一方面，网络是人们全新的生活方式，网络思想政治教育的开展必须建立在对网络环境中人们的思想、行为方式特点有充分了解的基础上，否则就会失去教育的针对性；另一方面，网络文化发展对人的负面影响也在不断增多，建设先进网络文化来满足当前人们对美好生活向往的任务就显得尤为紧迫，网络思想政治教育必须重视对网络文化的研究，深入思考用社会主义核心价值体系引领网络文化建设的课题。

(四) 对心理学知识的借鉴

心理学是研究认知、情感、意志等心理过程和能力、性格等心理特征的规律的科学。网络思想政治教育的过程主要是通过教育者和受教育者在网络空间的互动来完成的。网络思想政治教育在开展教育活动时，必须遵循网民等教育对象的心理活动规律来进行，同时还要了解教育对象在网络空间活动，尤其进行网络互动和交往时的心理特点及行为模式，这样才能与之形成有效的互动，进而给予其正确的引导和有效的帮助。借鉴心理学的理论知识对网络思想政治教育实践和理论研究而言意义重大。

1. 借鉴心理学关于认知的理论

认知是指人认识外界事物的过程，即对作用于人的感觉器官的外界事物进行信息加工的过程，这是人最基本的心理过程，包括感觉、知觉、记忆、想象、思维和语言等。人脑接收外界输入的信息，经过头脑的加工处理，转换成内在的心理活动，进而支配人的行为，这个过程就是信息加工的过程，也就是认知过程。个体的认知方式是在长期的认知活动中形成的、稳定的心理倾向，它会表现为对一定的信息加工方式的偏爱。认知理论强调人类认知的主动性、积极性，以及人的认知结构在获得知识中的作用，研究高级的认知过程，还可以对人们的学习、问题解决、决策等有很大帮助。心理学关于认知理论的研究对人们如何获得信息，并理解、固定信息，进而使用信息的全部心理过程进行了剖析，这对网络思想政治教育的研究有很强的借鉴价值。在开展网络思想政治教育的过程中，我们应该借鉴认知理论知识，在了解受教育者的上网需求、建设红色网站、选用有效的工作方法等问题上，引导其在网络海量信息中做出正确选择，使得先进网络文化的内容能在受教育者的主动选择中稳固于心，进而形成良好的思想政治品德。

2. 借鉴心理学关于心理过程的理论

心理学研究的对象是人的心理现象，心理现象是心理活动过程和个性心理的统一体。心理活动过程是指人的心理活动发生、发展的过程，它由认识过程、情感过程和意志过程所构成。认识过程是人对客观事物不同程度、不同水平、不同层次、不同方面的认识过程，也是感性认识到理性认识的发展过程。情感过程是人们在认识事物的时候，总会伴随着认识活动的进行而形成各种态度，产生相应的喜、怒、哀、乐、爱、恶等情绪情感体验。意志是人的主观能动性的充分体现。意志过程是我们在认识的基础上和情感的推动下，根据事物发生、发展的规律性，自觉地确定目标、制订计划、调节行动、克服困难、实现目标，使客观事物向着符合我们需要的方向发展。心理活动过程体现着人类心理活动的共同规律和一般特征。培养情感过程中的“需要理论”有助于教育者认识到满足受教者需要的重要性，并积极引导受教育者形成高级需要。意志训练过程中的“动机理论”有助于教育者认识到激发受教育者兴趣、信念等内在驱动力的重要性。心理学注重认知、情感和意志训练相结合形成完善的个性和品质，思想政治教育历来坚持的引导受教育者思想品德提升的“晓之以理，动之以情”等原则就是借鉴于此。网络思想政治教育活动的开展也应该注重引导受教育者在网络环境中认知、情感和意志训练的结合，这就要求教育者从贴近受教育者心理需求出发进行网络精神家园的网站建设，时时注意激发受教育者对网络先进文化的兴趣，进而形成崇高的信念，保持与受教育者网络话语体系同步，让受教育者在正确认知和感情认同的前提下，真正愿意在教育者营造的先进网络文化氛围中积极主动地持续吸取营养，养成完善的个性和社会所要求的思想政治品德。

3. 借鉴心理学关于人际交往的理论

人际交往理论是心理学的基本理论，交往理论也是社会学研究的重要内容，但社会学对交往的研究更为宏观和宽泛，而心理学对人际交往的研究更关注个人在交往中的愉悦和成长。人际交往是人类基本的行为，是指人与人之间的心理接触或直接沟通，彼此达到一定的认知。人际交往具有获得信息、交流感情、人际协调、保持心理健康、促进自我意识发展和个人社会化等功能。交往是人类特有的存在方式和活动方式，是人与人之间发生社会关系的一种中介。网络交往是网络环境中人们活动的基本行为。网络提供了人际交往的特殊空间，从时间和空间上改变了传统的人际沟通的方式，形成了许多独特的观念、准则，决定了网络人际交往不同于现实社会生活的新特点。网络人际交往可以获得更多信息和不断扩大交往范围，具有开放性、多元性、自主性、随意性、间接性、广泛性、虚拟性、匿名性、平等性等特点，网络交往也容易使人们在其中出现交往行为失范、人际情感疏远和产生信任危机等情况，这对人们的思想政治品德形成也会带来影响。借鉴心理学研究人际交往的理论有助于网络思想政治教育对网络交往有更全面的认识，并对网络环境中人们沟通交流的方式和心理动因有更清楚的了解，从而正确地引导人们在网络环境的人际交往活动中健康成长。

(五) 对教育学知识的借鉴

教育学是研究教育现象、揭示教育规律的科学，主要探讨教育的一般原理，是整个教育科学体系中的基础学科。思想政治教育是一种教育活动，但它有自己独特的规律。思想政治教育学研究的是对全社会所有人进行的思想政治教育，而教育学主要研究一般的学校教育。网络思想政治教育是思想政治教育的全新形态，是网络环境中一种新型的教育活动。网络思想政治教育借鉴教育学的理论知识，是将教育学的一般规律和原则与思想政治教育实践相结合，有助于更明确教育者和受教育者在网络环境中的角色定位和在教育活动中的地位，有助于选择行之有效的教育方法，有助于更好地完成提升受教育者思想政治品德的教育任务。教育学为思想政治教育提供了原理、规律、原则和方法的理论知识宝库，而网络思想政治教育对教育学理论知识的借鉴着重反映在借鉴教育学探索教学模式的理论以及借鉴教育学的研究方法和教育方法。

建构主义教育理论强调学生的自主学习，强调学习环境创设对学生学习的重要性。网络传播的去中心化特性使得教育者和受教育者的角色关系已不可能是封闭而线性的“你教我学，你传我受”的模式，在网络环境中的教育活动是开放和即时互动的，教育者的中心和权威地位不复存在，受教育者的主动自主学习成为必然的常态，教育者和受教育者共同成长的双向互动取代了“你教我学”的单向传递。创设有效的网络教育环境并营造教育学习氛围比单纯强调教育过程的开展更为重要。鉴于此，高校网络思想政治教育通过建设和管理网络先进文化，从而打造网络精神家园的任务就显得非常重要。建构主义教育理论知识有助于全面剖析网络思想政治教育过程的开展，对网络思想政治教育全新教育模式的设计有直接的借鉴作用。

第三章
高校网络思想政治教育的过程

张耀灿教授曾指出："思想政治教育过程理论是思想政治教育理论体系的核心。"[①] 思想政治教育过程是一个由多种因素构成，由多种矛盾尤其它的内在矛盾推动，并在教育实践中按其内在规律辩证发展的过程。从思想政治教育过程本身来看，它是教育者根据一定社会的思想政治要求和受教育者思想政治素质形成发展的规律，对受教育者施加有目的、有计划、有组织的教育影响，促使受教育者产生内在的思想矛盾运动，以形成一定社会所期望的思想政治素质的过程。网络思想政治教育作为思想政治教育的一种新形态，从根本上来看，其教育过程仍然是教育者有目的地影响受教育者思想政治道德素质形成的过程。由于网络环境中人们认知、情感体验、信念和意志、行为方式的形成和发展发生了重大变化，

① 张耀灿，陈万柏．思想政治教育学原理 [M]. 北京：高等教育出版社，2001：81.

网络思想政治教育过程的运行状况以及外部和内部矛盾也就出现了重要变化。深入剖析网络思想政治教育过程的基本要素、运行状况和矛盾构成，能为高校思想政治教育的有效开展提供重要的理论依据。

一、高校网络思想政治教育过程的基本要素

高校网络思想政治教育过程是高校思想政治教育活动在网络环境中展开、运行、发展的流程，也是一种有目的的活动过程，是教育者和受教育者在网络环境中进行互动，实现思想政治教育目标的过程，也就是通过教育，使受教育者在思想政治、道德规范上逐渐达到网络社会要求的过程。

学界关于思想政治教育过程构成要素的探讨已经形成“三要素说”“四要素说”“六要素说”“三体一要素说”等多种理论观点。陆庆壬（1986）较早提出了“三要素说”，认为思想政治教育过程包括教育者、受教育者和社会要求的思想政治品德规范三大要素。邱伟光（1988）则提出了不同于陆庆壬的“三要素说”，即“教育者、受教育者、教育内容与方法”[①]。张耀灿（1988）则提出“六要素说”和“四体结构”，六要素分别为“教育者、受教育者、教育目的、教育内容、教育手段、教

① 邱伟光．思想政治教育学概论 [M]. 天津：天津人民出版社，1988：175.

育组织形式”[①]，它们构成主体（教育者）、客体（受教育者）、介体（教育目标、内容、手段、组织形式）、环体（指环境）“四体结构”。十多年后，邱伟光和张耀灿两位学者对自己原有的观点均进行了一定的调整，两人在 1999 年共同编写的《思想政治教育学原理》中提出“四要素说”，即包括教育者、受教育者、教育内容与方法、社会环境及其所提供的教育支撑条件。2007 年，陈万柏和张耀灿主编的《思想政治教育学原理（第二版）》则指明，思想政治教育过程的要素仅包括教育者、受教育者、教育介体（教育内容与方法）三个要素，不包括教育环境，因为它是“思想政治教育系统之外的因素”[②]。但上述观点主要是针对现实社会条件下的思想政治教育过程而言的。事实上，在虚拟社会条件下，整个网络空间在本质上是数字信息及信息数字化的产物。人在网络空间中以数字化形式存在，人的实践活动则体现为数字化信息的生产、加工及传播活动。因此，高校网络思想政治教育作为人在网络空间的一种交往实践活动，其过程在实质上也体现为数字化信息的传播过程。在此条件下，如果从网络信息传播视角入手进行分析，并结合思想政治教育过程研究的传统范式及前期成果，能够更加

① 张耀灿．思想政治教育学原理 [M]. 武汉：华中师范大学出版社，1988：117.
② 陈万柏，张耀灿．思想政治教育学原理（第二版）[M]. 北京：高等教育出版社，2007：127.

准确地认识和掌握高校网络思想政治教育过程的构成要素。具体而言，在传播学视域中，信息传播过程主要包括信源（传播者）、信宿（受众）、讯息、媒介、反馈五大基本要素。在高校网络思想政治教育过程中，教育者和受教育者是教育信息传播的信源和信宿，教育目标和内容是教育过程中两种不同类型的讯息，教育载体和方法是教育过程中两种形式的媒介，受教育者对教育信息的回应则属于教育过程中的反馈。其中，前四大要素均属于“实体性”要素，“反馈”要素则属于“动作性”要素，而按照思想政治教育过程研究的传统范式，“构成要素”主要是指“实体性”要素，“动作性”要素可以划归到教育过程的“阶段与环节”当中。因此，高校网络思想政治教育过程的构成要素主要包括教育者与受教育者、教育目标与内容、教育载体与方法。

（一）高校网络思想政治教育的教育者

无论在任何形态的思想政治教育过程中，教育者和受教育者都是不可或缺的两大要素，是教育过程存在的前提和基础。在高校网络思想政治教育过程中，教育者是施教过程的发动者、组织者和实施者，是施教主体。从信息传播视角来看，他们是教育信息的主要发出者，是教育信息传播过程中的信源。其身份与资格的获得至少需要同时满足以下四大条件：一是教育者必须为掌握一定互联网应用技术、熟悉互联网运行规则与网络文化的网民（个体或组织），非网民没有资格也不可能成为高校网络思想政治教育者；二是教育者必须为掌握一定教育信息并具有相应网络教育渠道的网民；三是教育者必须为有目的、有计划、有组织地开展教育活动的网民，没有明确目的或没有明确教育目的（计划与组织）的网民，即便是在传播具有思想政治教育意义的信息，也不能称之为教育者，而只能视其为教育信息的分享者；四是教育者必须以高校学生网民作为教育对象。

按照上述四大条件并结合教育现状，高校网络思想政治教育过程中的教育者主要包括两类：一类是传统教育者，如符合上述四大条件并参与相应教育活动的思想政治理论课教师、辅导员、班主任、校内心理咨询师、其他参与学生工作的高校教师与管理者、高校各层级党团组织、学生工作部门等。这些传统的教育者个体或组织通过不断掌握网络技术、规则与文化，实现自我提升与转化，成为符合条件的高校网络思想政治教育者。另一类是新兴教育者，主要是指符合上述教育者资格条件的高校学生个体、群体与组织，如理论学习类博客（或微信公众号）的学生运营团队或个人，以及有意识地承担校园网络舆论引导工作的学生意见领袖等。通常他们在传统思想政治教育过程中作为受教育者而存在，但在互联网条件下，由于高校学生在一定程度上摆脱了传统教育体系的限制，能够运用互联网便捷地获取海量教育信息与资源，并且能够获得相对独立的信息传播渠道，因而部分学生（或学生组织）能在特定条件下成为另一部分学生的教育者。

与高校现实思想政治教育过程相比，高校网络思想政治教育过程中的教育者表现出三大显著特征。

1. 网络思想政治教育者的地位呈现去中心化趋势

与传统思想政治教育相比，网络思想政治教育者的地位呈现去中心化趋势，其教育影响的权威性受到严峻挑战。“去中心化”是来自传播学的名词，网络传播是典型的多点对多点的“去中心化”的传播方式，这是对传统的单点对单点的线性传播方式的革命。“去中心化”是网络传播的核心理念之一，它并不意味着传播者中心地位的消失，只是原有的中心意义被大大弱化或完全转向，是由高度集中控制向分布集中控制转变。在传统思想政治教育活动中，教育者在相对封闭的教育环境中是信息占有的优势者，其权威和主体地位能有效得以体现，而网络环境的开放性特点和海量的信息使得教育者主体地位的中心性大大弱化，教育者对教育活动的引导和控制面临巨大挑战。

网络信息资源具有海量性，其共享、快捷、即时互动的特征非常明显，在教育信息与资源的拥有上，教育者的支配权和先导权正被逐步削弱，信息“把关人”的作用很难发挥。传统思想政治教育活动中的“我说你听”式的教育模式开始失效，如果网络环境中的教育者对教育过程的掌控变得困难重重。网络思想政治教育者不深入网络生活和熟悉网络文化，且在获取网络信息和接受网络新生事物的能力上低于受教育者，其主体权威将大打折扣，在网络空间的话语权将很难获得。

网络中人的活动呈现虚拟性和自由性，教育者和受教育者的主客体关系不断转换和建构，教育者不可能总是处在中心的主体地位。“在以往的思想政治教育活动中，教育者是明确而固定的主体，受教育者是明确而固定的客体，他们带着各自的身份进入到思想政治教育过程之中实现着教与学的活动……而在开放、虚拟的网络环境中，教育者和受教育者在现实中的地位和身份差异被消解，他们根据自身的目的和意愿选择活动的场域、对象和方式，不存在任何既定的关系。只有当教育者的信息传递与受教育者的信息接受达成一致，思想政治教育活动的发动者才能成为真正的主体。”①

网络交往的开放性和平等性决定了网络思想政治教育者的地位必然是去中心化的。网络环境是开放的，每一个人都

① 张再兴，等．网络思想政治教育研究 [M]. 北京：经济科学出版社，2009：200.

能在其中实现自主参与和独立选择，平等是网络文化的核心价值理念。网络思想政治教育也是一种网络交往活动，教育者和受教育者之间以平等互动的方式共同参与活动。如果教育者在网络环境中固执地要以权威自居，甚至始终居高临下地对受教育者“发号施令”，就可能造成“无人响应”或“逆向反弹”的结果。传统的教育者权威地位在网络环境中受到消解，原来唯有教育者自居的中心地位在网络环境中成为每一个网络主体都可以争取的目标。

2. 网络思想政治教育者的话语体系不断创新

思想政治教育话语是传导、输送、转换思想政治教育内容或信息的重要载体，教育者话语体系的选择和优化对有效传递思想政治教育内容而言意义重大。随着网络成为人们学习、交流、休闲娱乐、宣泄、了解世界的重要平台，网络传播的发展也催生出集中反映网络文化的独特的网络话语。网络话语的生成既是网民的话语沟通和表达形式，又是网民虚拟现实的生活方式。受教育者对网络话语的广泛诉求和涉猎，使得思想政治教育的传统话语面临滞后、失语与失效的危险。在现实环境中，教育者可以凭借自己的权威身份、教育手段甚至年龄优势来主导与受教育者的“对话”，对教育对象、方式、内容载体、时机、情景等实施有效控制；在网络环境中，信息的传播方式是即时、交互、匿名、开放的，教育者甚至不清楚受教育者“身处何方”。“无法对话”的尴尬制约了思想政治教育者主导作用的发挥，教育者在网络空间的话语体系必须重新建构和不断创新。

思想政治教育者在网络空间建构和创新话语体系，一方面，思想政治教育者应始终把握话语体系的政治性方向和主流价值的导向。尽管网络文化生活千姿百态，网络话语也常见标新立异之作，但教育者要始终坚持社会主义意识形态，坚持马克思主义理论作为创建自身话语体系的指导原则，并坚持用社会主义核心价值体系来引领自身话语体系的创新，始终把握好网络话语导向。另一方面，网络思想政治教育者的话语创新要坚持贴近受教育者的生活实际和保证取得实效。生活化是网络思想政治教育的发展趋势，只有采用贴近受教育者生活实际的话语，才能真正实现与之“对话”，并达到教育引导的目的，教育者要力求使用贴近受教育者的网络话语模式。同时，要使网络思想政治教育者的话语体系产生实效，必须把握受教育者的话语形式和心理接受方式，不断提高教育者网络话语的说服力和感染力。只有贴近国情、民情，贴近受教育者的社会背景，针对受教育者的心理状况、疑惑所在、情感所需、利益所求和关注的兴奋点，网络思想政治教育者的话语才能深入人心、获得认同和形成共鸣，并取得教育实效。

3. 大力增强教育者在网络环境中的互动和引导能力

教育者是网络思想政治教育活动的发动者、组织者和实施者。教育者在教育活动中的地位和作用始终制约着整个网络思想政治教育的整个过程。尽管网络为受教育者提供了更广阔的教育资源空间，但仅靠其自身的行为是无法解决正确树立世界观、人生观等问题的，教育者的主导作用不可能因受教育者主体性的增强而被取代。但同时，我们也应该清醒地认识到，思想政治教育者在网络环境中的权威性和影响力的确受到了严峻挑战。网络环境的特性给教育者活动带来的思考主要表现在有效实现与受教育者在网络空间的互动和成为网络空间的“意见领袖”来引导受教育者两个方面。网络环境下的思想政治教育者将继续按照传统思想政治教育的要求来培育受教育者素质和增强能力，但同时应针对网络文化的特点，增强自身对受教育者的互动和引导能力。一般而言，网络思想政治教育者必须具备坚定的政治素质、高尚的品德素质、广博的知识素质和良好的身心素质，同时还要有较强的计算机与网络技术应用能力，有不断创新的网络语言能力，有较高水平的网络信息素养，有较完备的网络教育活动组织协调能力。

在网络思想政治教育的过程中，实现教育者和受教育者的有效互动是前提和基础。首先，需要教育者在思想观念上平等地看待受教育者的主体地位，高度认同网络给受教育者活动带来的自主；其次，教育者在教育活动中应全面而持续地做到“时时在网，深度潜水”，最紧密地贴近受教育者的网络生活，始终保持“对话畅通”，准确而及时地把握其思想行为动态，并有针对性地展开思想政治教育过程；最后，教育者要不断总结和反馈网络思想政治教育活动的效果，积极开展理论研究，探索网络思想政治教育机制建设的有效模式。

在开展网络思想政治教育的过程中，要切实发挥教育者在网络空间的主导作用，必须力争使其自身成为“意见领袖”，进而引导受教育者。“意见领袖”是传播学中的名词，是指那些在人际传播网络中为他人提供信息并能左右多数人态度倾向的少数人，他们在大众传播效果的形成过程中起着重要的中介或过滤作用，由他们将信息扩散给受众，形成信息传递的两级传播。尽管意见领袖不是正式领导，但他们往往消息灵通、精通时事，或足智多谋，或在某个方面有出色的才干，或有一定的人际关系能力而获得大家认可并成为群众或公众的意见领袖。美国社会学家和心理学家拉扎斯菲尔德及其助手在选民调查中发现，许多人在选举中的态度改变是通过先传递消息给一些意见领袖，再由他们传给群众，影响群众态度。意见领袖是许多追随者学习效仿的榜样，在其具备领导资格的领域里必须被公认为是见多识广或者是称职能干的人。

那些对自己所谈的问题一无所知的人，其意见是很难受到关注的。同时，一个为他人所效仿并且能干的人若试图在某个领域中获得意见领袖的资格，还需要让该领域有兴趣的人能够与其接触交往。网络传播的开放性催生出众多领域的网络意见领袖，他们的权威性在网络空间与日俱增，其思想和言论对网民，尤其青少年产生着深刻影响。网络的诸多特性也使得思想政治教育者的权威性受到挑战。如何有效地借鉴意见领袖理论，增强网络话语权的影响力，提高自身在网络空间的引导能力，成为网络思想政治教育者必须直面的问题。

互联网时代，高校师生不仅是信息的接收者，也是信息的生产者和制造者。要重点加强师生网络身份意识、网络责任感和价值观等方面的网络素养教育，充分发挥师生在网络思想政治中的主体作用，激发其参与网络空间文明建设的自觉性、积极性。

(二) 高校网络思想政治教育的受教育者

高校网络思想政治教育过程是施教与受教过程的统一，受教育者既是施教过程的作用对象（客体），同时也是受教过程的主导者和承担者，是受教主体，主要包括大多数已经成为网民的高校学生个体与群体。从信息传播的视角来看，他们是教育信息的“接收者或接受者”，但需要指出的是，受教育者“接收”教育信息主要是指在听觉、视觉、触觉等身体感观上收到信息，可以分为主动（自愿）接收与被动（非自愿）接收两种类型；而所谓“接受”教育信息，则是在“接收”的基础上实现对信息内容的思想与心理认同，是个体内在思想矛盾运动的结果，因而不存在被动“接受”，而只能是主动“接受”。从这个意义上来讲，在受教育过程中，受教育者是主体，而教育者成为作用对象（即客体）。与现实环境中的受教育者相比，高校网络思想政治教育过程中的受教育者表现出如下三大特点：

其一，多数受教育者为“网络原住民”，并且在认知和行为方式上与“网络移民”存在差异。一般而言，所谓“网络原住民”也被称为“数字原住民”“N 世代”“千禧一代”“数字土著”① 等，是指出生在互联网规模化应用时代，并伴随着互联网技术的发展而成长起来的人，在我国大致包括 90 后、00 后等人群。与“网络原住民”相对应的概念是“网络移民”，它是指网络技术大规模普及之前就已经出生或成长起来，并在互联网普及过程中逐步学会运用网络的人，其大致范围包括 20 世纪 80 年代以及之前出生的人。就目前而言，高校学生的构成主体已经由几年前的“网络移民”转变为“网络原住民”。

① 曹培杰，余胜泉．数字原住民的提出、研究现状及未来发展 [J]. 电化教育研究，2012(4)：22.

由于“网络原住民”从出生开始便生长在互联网环境中，他们与“网络移民”在认知及行为方式上存在一定差异。柯志恩等学者在对二者进行比较的基础上认为，“网络原住民”在信息的注意和处理上呈现如下特点：他们具有图像优先的认知方式；较为注意信息表面所具备的知觉凸显性；能够在分散注意力的同时处理信息；能在信息认知和处理过程中快速激发相近的概念。另一部分学者则认为，他们擅长“非线性思考”，习惯“多重任务并行处理，多种情境之间的学习迁移”，但其“反思能力下降”。

其二，受教育者的虚拟身份具有易变性和易隐性。一般而言，身份是社会成员在交往中的标识和称谓，是对人与人社会关系的定位，包括人的姓名、年龄、性别、职业、职务、资格、资历、级别等，而虚拟身份即人在网络空间中的身份。在现实社会中，受教育者的身份通常具有相对高的固定性，会受到生理局限而无法随意更改(如年龄、性别等)，或者受到社会规范及人际关系的制约而无法任意变动(如所在年级、专业等)。同时，由于教育者和受教育者在现实高校环境中以面对面交流为主，教育过程大多通过实名方式开展。即便是在特定条件下受教育者不透露自身姓名和具体身份，教育者也能够通过观察获取其相貌、性别、年龄范围等身份信息，并通过受教育者出现的时间、地点、场合来判断其大致身份，因此，受教育者的身份很难被完全隐匿。然而在互联网条件下，受教育者虚拟身份具有显著的易变性与易隐性。从易变性方面来看，由于网络虚拟性的存在，受教育者虚拟身份的塑造过程可以在很大程度上脱离人类生理条件、线下人际关系、现实社会规范等内外因素的制约，具有高度的自由性和便捷性。受教育者不仅可以根据交往性质、网络平台、时空环境的不同而相对随意地塑造不同身份与角色，而且当自身对某一身份或角色不满意时，可以相对随意地撤销这一身份或者对其进行“再塑造”。从受教育者身份的易隐性来看，尽管实名制网络应用在不断增多，但目前网络空间中的大多数应用（或平台）仍然以匿名方式注册和运行，受教育者可以完全凭借主观意愿编造身份信息，从而能够轻易隐匿其真实身份。即便是在实名制网络平台当中，由于多数平台采取系统后台实名而前台匿名的注册和运行机制，平台运行主体一般对用户的真实身份信息具有相对严格的保密制度，因而受教育者的真实身份同样不易被他人所获取和识别。

其三，受教育者行为具有高度自主性。在传统条件下，由于受到外部环境或教育者制度性权威的影响，受教育者行为的自主性相对不足。特别是受教育者“接收”教育信息的行为有可能并非出于自愿（即被动接收），如辅导员在召开主题教育班会时，部分高校学生即便不愿参加，也会担心受到批评或惩罚而不得不参会并“接收”相关教育信息。然而，在互联网条件下，由于网络互动的平等性以及教育者制度性权威削弱等多方面因素共同作用，在多数情况下，教育者无法对受教育者的行为形成强有力的约束，如无法强迫受教育者上网并“接收”相关教育信息。受教育者可以自主选择是否“接收”信息以及是否进行回复。受教育者行为的高度自主性一方面意味着互联网条件下受教育者主体性的提升以及自我教育潜力的增强。同时，行为的高度自主性也是部分受教育者能够在特定条件下转化为教育者的前提条件；另一方面，受教育者行为的高度自主有可能发展为过度自主，产生过犹不及的负面影响。特别是高校学生在认知能力、自控能力以及社会经验等方面尚有欠缺的条件下，面对充斥多元价值观念的网络世界，其行为的高度自主性增大了受教育者选择错误价值观的可能性；面对网络“读图文化”“快餐文化”等日趋形象化、浅薄化的网络文化发展倾向，受教育者行为的高度自主性意味着教育者无法对其文化接受行为进行强力引导与干预。长此以往，受教育者的理性思维以及认识事物本质的能力有可能被弱化。

(三) 高校网络思想政治的教育目标和内容

从传播学视角来看，所谓讯息，是指“由一组相互关联的有意义的符号组成，能够表达某种完整意义的信息”①。简而言之，讯息即通过符号（如语言符号、非语言符号）表达出来的信息，是传播过程的基本要素之一。由于思想政治教育过程在本质上也可以看作一种信息（讯息）的传播过程，因此，讯息毫无疑问地成为其必备要素。具体而言，思想政治教育过程中的讯息主要表现为两种形态：目标形态和内容形态。目标形态的讯息即思想政治教育目标，是“一定社会对教育所要造就的社会个体在思想政治品德方面的质量和规格的总的设想或规定”②；内容形态的讯息即思想政治教育内容，是“根据一定的社会要求和受教育者的思想实际，经教育者选择设计后有目的、有步骤地传播给受教育者的思想意识、价值观念和道德规范等”③。思想政治教育目标和内容作为两种形态的讯息，都是对社会发展要求和人的发展需求的反映，都需要教育者首先对其进行充分认知并将其传递给受教育者。从二者的关系来讲，思想政治教育目标“规定了人在思想政治品德发展方面的内容”④，是教育内容确立的依据和前提，而教育内容则是教育目标的具体化，是体现教育目标的重要标志。

① 李黎明．传播学概论 [M]. 武汉：武汉大学出版社，2011：37.
② 骆郁廷．思想政治教育原理与方法 [M]. 北京：高等教育出版社，2010：127.
③ 骆郁廷．思想政治教育原理与方法 [M]. 北京：高等教育出版社，2010：134.
④ 同③.

具体到高校网络思想政治教育过程中，教育目标与内容同样作为两类讯息而存在，只是在表现形式上转化为数字化讯息。与现实思想政治教育过程相比，二者在性质上并未发生改变，只是由于社会环境的变化以及人在网络空间中思维与行为方式的转变，高校网络思想政治教育过程的教育目标和内容在具体指涉范围上已大大拓展。

从高校网络思想政治教育目标来看，它与现实条件下的高校思想政治教育目标相比，二者均属于高校思想政治教育的范畴，因而在基本目标层面具有统一性，都是旨在推动受教育者思想道德素质的提升，进而推动受教育者实现自由全面的发展，并在此基础上促进社会进步。在基本目标相统一的条件下，二者在具体目标层面则并不完全一致。总体而言，高校网络思想政治教育的具体目标可以划分为一般性目标和特殊性目标两类。所谓一般性目标，即与现实条件下的高校思想政治教育共同拥有的具体目标。事实上，思想政治教育目标一般是根据“社会发展的要求、教育对象身心发展的特点和思想政治教育内在规律确定的”[①]，而网络与现实两种形态的高校思想政治教育之所以拥有一部分共同的具体目标，就在于二者在上述三个方面均有相同之处。在社会发展要求方

① 骆郁廷．思想政治教育原理与方法[M]．北京：高等教育出版社，2010：127.

面，由于网络的虚拟性与现实性并存，且互联网在根本上依赖现实社会而存在。因此，高校网络思想政治教育在确立教育目标时，同样需要考虑现实社会的发展要求；在教育对象身心发展特点方面，互联网条件下的教育对象虽然是以虚拟身份存在的网民，但他们归根结底是现实社会中的高校学生，基本身心特点方面与普通高校学生拥有较高的一致性；在思想政治教育规律方面，网络与现实两种形态的高校思想政治教育均没有脱离思想政治教育的范畴，均遵循其基本规律。由此可见，现实条件下的高校思想政治教育具体目标大部分可以转化为高校网络思想政治教育的一般性目标。这些一般性目标主要包括：引导高校学生树立马克思主义的世界观、人生观、价值观；推动学生树立并践行社会主义道德；教育学生自觉遵守现实生活中的法律法规；帮助学生在现实生活中保持心理健康等。

除一般性目标外，高校网络思想政治教育还具有其特殊性目标，即在互联网条件下特有的教育目标。这些特殊性目标是根据虚拟社会的特殊要求，高校学生网民（受教育者）在网络空间的特殊身心特征，以及高校网络思想政治教育的特殊规律等依据共同确定的。它们主要包括网络思想素质目标、网络政治素质目标、网络道德素质目标、网络心理素质目标、网络信息素养与媒介素养目标等。所谓网络思想素质目标，即要引导高校学生树立正确的网络思想观念，包括正确的网络世界观、网络人生观以及网络价值观。这里所说的正确的网络思想观念不是指传统意义上的马克思主义世界观、人生观和价值观，而是人们在长期参与网络活动的过程中逐步形成的，符合马克思主义的基本立场和观点，符合网络空间的运行规则，并属于网络空间所特有的思想观念。所谓网络政治素质目标，即要引导学生树立正确的网络政治立场和观点，形成较高的网络政治参与能力。这里的网络政治主要是指在网络空间中逐步形成的各种政治观点、现象与活动，而不仅仅是传统政治观点与现象的网络化。同样，网络道德也不仅仅是传统道德规范的网络化，而是人们在使用互联网的过程中形成的，在网络空间内调节网络主体间关系的道德规范。在此基础上，所谓网络道德素质目标，即引导高校学生形成充分的网络道德认知、深厚的网络道德情感、坚定的网络道德意志，并以实际行动践行网络道德规范。所谓网络心理素质目标，即帮助受教育者预防和治疗网络沉迷、网络多重人格等网络心理问题，推动其形成健康的网络心理状态与网络人格。此外，从网络信息素养和媒介素养目标来看，它旨在推动受教育者形成有效地检索、获取、评价、利用、创造、传播网络信息的能力，同时形成对网络媒介的认识、利用和评价（特别是批判）能力。在互联网条件下，受教育者的网络信息和媒介素养居于关键地位，其高低程度直接影响受教育者对网络思想观念、网络政治观点、网络道德规范的认知和理解。

从高校网络思想政治教育内容来看，由于教育目标是内容确立的依据，而教育内容是目标的具体化，因此，高校网络思想政治教育内容事实上与教育目标（特别是具体目标）相匹配，可以划分为一般性教育内容和特殊性教育内容两类。所谓一般性教育内容，是一般性教育目标的具体化，由于高校网络思想政治教育的一般性目标事实上涵盖了绝大多数现实条件下的高校思想政治教育目标，因而一般性教育内容也相应地涵盖了绝大多数现实条件下的高校思想政治教育内容。鉴于学界对这部分教育内容已有系统的探讨和梳理，这里不再赘述。所谓特殊性教育内容，是特殊性教育目标的具体化，与特殊性教育目标相匹配，包括网络思想教育、网络政治教育、网络道德教育、网络心理健康教育、网络信息素养与媒介素养教育等方面。具体而言，网络思想教育主要包含网络世界观、网络人生观、网络价值观教育；网络政治教育就是向受教育者讲解虚拟社区或虚拟政府的运行方式、网络权力的产生与分配过程、参与网络公共问题讨论的正确方式方法、参与网络监督的方式与界限、网络政治的特点及与现实政治的关系等内容；网络道德教育主要包括网络道德原则、网络礼仪、网络隐私、网络知识产权、网络系统安全教育等内容；

网络心理健康教育主要向学生讲授快速适应网络环境的方法与途径、虚拟身份的特点及正确运用、对自己网络行为的正确认知和控制、网络成瘾的危害及预防方法、网络色情与暴力等低俗信息对健康人格形成的危害等内容；网络信息素养与媒介素养教育则主要向受教育者传授网络信息检索与获取、生产与传播、分析与利用的方式和途径，向受教育者介绍网络媒介的基本类型与特点、使用方法与技巧，帮助受教育者认识网络信息与媒介的意义、价值，以及使用过程中应当注意的伦理问题。

（四）高校网络思想政治教育的载体和方法

所谓高校网络思想政治教育载体，是指高校网络思想政治教育者为实现教育目标所运用的，能负载和传递教育内容，能连接教育者和受教育者并使二者产生相互作用的活动形式、物质实体或精神产品。所谓高校网络思想政治教育方法，则是指高校网络思想政治教育者为了实现教育目标、传递教育内容而对教育对象所采取的教育方式与手段的总和。高校网络思想政治教育载体与方法既有联系，也有区别，二者均属于高校网络思想政治教育过程不可缺少的组成要素，都是联系主客体的纽带[①]，都是传递教育信息的媒介，都是教育过程的中介要素。同时，教育方法的运用必须借助一定的载体，且教育方法一旦选定，便在一定程度上制约着教育载体的选择。与之相对应，二者也存在显著差别，一方面，方法不是某种实体范畴或实体因素，只是一种关系范畴，它总是与人的活动紧密联系在一起[②]，而教育载体则可以是实体范畴，也可以是某种活动；另一方面，教育载体必须能够承载教育内容，而教育方法则无法承载教育内容。

就高校网络思想政治教育载体而言，由于教育信息主要由互联网来承载和传递，因而其载体通常被笼统地称为“网络载体”。按照传统思想政治教育载体的划分方法，网络载体是与大众传播载体、文化载体、管理载体、活动载体等传统载体相并列的一类新型载体。但事实上，由于互联网在性质上呈现层次性与多元性，它不仅是一种能够承载数字信息的技术平台，而且是一个承载虚拟活动的空间、一个孕育崭新思想文化的源地、一种具备特殊运行规则及管理方式的新型社会环境。因此，所谓网络载体，并不是一种单一类型的载体，而是内含多种类型载体的混合体，可以根据网络的多元

① 张耀灿，郑永廷，骆郁廷，等．现代思想政治教育学[M]．北京：高等教育出版社，2006：293.

② 曾令辉．网络思想政治教育方法研究——论网络思想政治教育方法内涵及其体系构建[J]．广西师范学院学报（哲学社会科学版），2011(2)：85.

性质将其划分为网络互动平台载体、网络文化作品载体、网络虚拟活动载体和网络管理载体等。网络互动平台载体主要包括专题教育网站（或网页）、电子信箱、BBS（或称网络论坛）等 Web1.0 载体，即时通信工具（如 QQ）、博客、微博等 Web2.0 载体，移动互联网互动工具（如微信、手机直播平台）、大数据信息推送工具等 Web3.0 载体；网络文化作品载体主要包括教育者在网上编写或转发的教育性文章或网络小说，具有教育内涵的网络影视作品（如网络微电影、微视频），有教育意义的网络游戏（如共青团中央于 2016 年推出的《重走长征路》网络游戏）等；网络虚拟活动载体则主要包括在线社会调研、网络公益慈善活动、网络文明创建活动（如“文明网民”评选活动）等；网络管理载体就是将高校网络思想政治教育内容寓于互联网管理过程，通过各种互联网管理手段来激励、约束和规范受教育者行为，包括依靠网络法律规章、网络行业惯例、网络技术控制等方式进行管理。需要指出的是，网络管理载体与网络虚拟活动载体均是动态的虚拟活动，但前者的虚拟活动本质上是一种管理活动，其实施者是特定的网络管理者（如论坛版主、平台运营主体等），而非受教育者，但后者的虚拟活动则是受教育者亲身参与实施的活动，两种载体承载和传递信息的方式有所差异。

就高校网络思想政治教育方法而言，它在“方法结构”层面与传统高校思想政治教育方法基本保持一致。二者在纵向结构上均包括原则方法、具体方法、操作方式、方法运用艺术与技巧四个层次；在横向结构上则包括认识方法、实施方法、调节评估方法三大系统。然而，二者在“方法内容”层面存在明显差异。高校网络思想政治教育的原则方法除涵盖“实事求是的方法、群众路线的方法、科学性与方向性相结合的方法”① 等传统方法外，还包括“虚拟性与现实性相结合、主体性与主导性相结合、主动传播与引导选择相结合、网上服务与网上教育相结合”② 等凸显网络特色的原则方法。事实上，高校网络思想政治教育具体方法的网络特色更为突出，如在思想信息获取与分析过程中，既可以运用传统的观察法、抽样调查法（获取信息）、经验分析法（分析信息），也可以利用搜索引擎、大数据等网络技术建立网络搜索法，以及大数据信息获取与分析法等；在教育活动实施过程中，既可以运用传统的说理教育法、实践教育法等，也可以利用网络互动平台建立网络咨询辅导法，利用虚拟现实技术建立虚拟现实体验法等；在对教育活动进行评估检验过程中，除运用传统方法外，还可以建立大数据评估检验法等。如果说，两种形

① 张耀灿，郑永廷，骆郁廷，等．现代思想政治教育学 [M]. 北京：高等教育出版社，2006：365.
② 曾令辉．网络思想政治教育方法研究——论网络思想政治教育的原则方法 [J]. 广西师范学院学报（哲学社会科学版），2011(3)：70-73.

态（网络与现实）的高校思想政治教育在原则方法与具体方法层面既有明显差异，又有诸多共同之处。例如，同样是思想信息获取过程中的“观察法”，在高校传统思想政治教育过程中，其操作方式主要为“现场观察”，而在高校网络思想政治教育过程中，操作方式则转变为“网络观察”，即到社交网站、网络论坛等平台中观察受教育者的思想和行为动态；同样是教育活动实施过程中的“说理教育方法”，在现实条件下，其操作方式主要为面对面的语言对话，而在网络条件下，其操作方式则转变为依靠网络互动工具及文字、音频、视频等多媒体手段进行说理教育。

二、高校网络思想政治教育过程的矛盾

所谓矛盾，是指事物之间和事物内部各要素之间存在的对立统一关系。在唯物辩证法看来，矛盾是一切事物发展的动力和源泉。一切事物中包含的矛盾方面的相互依赖和相互斗争决定一切事物的生命，推动一切事物的发展。用唯物辩证法的矛盾观点来看，网络思想政治教育过程也是一个由内部矛盾和外部矛盾共同推动的发展过程。在这一过程中，由于媒介变革和教育环境变革的外部因素发生变化，深刻地影响到思想政治教育内部因素、内部矛盾的变化，从而引发思想政治教育形态的革新；网络思想政治教育过程蕴含的特殊

矛盾的不断生成和解决也是推动网络思想政治教育不断发展的动力。

(一) 高校网络思想政治教育过程的基本矛盾

思想政治教育过程本身的基本矛盾是“一定社会的思想品德要求与受教育者的思想品德水平之间的矛盾”。在高校网络思想政治教育过程中，这一基本矛盾并没有改变。高校网络思想政治教育同样是教育者依据一定社会的思想品德要求，运用一定的教育介体和教育环体对受教育者施加影响，便于受教育者的思想品德向着一定社会要求转化的过程。因此，这一矛盾仍然贯穿网络思想政治教育过程的始终，体现着网络思想政治教育的本质并制约着网络思想政治教育过程的其他具体矛盾；脱离了这一基本矛盾，也就没有开展网络思想政治教育的必要性了。

但是，在网络环境下，高校思想政治教育过程基本矛盾的表现形态出现了重要变化。一方面，网络的出现使得网络思想政治教育的外部条件和外部环境发生了重大变化，虚拟与现实的矛盾反映了这种外部条件和外部环境的变化，虚拟与现实的矛盾成为影响网络思想政治教育过程的重要外部因素；另一方面，这种外部条件和外部环境的变化要通过引起网络思想政治教育内部矛盾的变化而起作用。虚拟与现实的矛盾对思想政治教育内部矛盾的影响作用突出表现为，它引起了思想政治教育过程基本矛盾表现形态的变化，使得教育者的主导性与受教育者的自主性之间的矛盾成为思想政治教育过程基本矛盾在网络思想政治教育中的突出体现。

1. 虚拟与现实的矛盾是网络思想政治教育过程的外在矛盾

虚拟与现实的矛盾是影响网络思想政治教育过程的重要外部因素。网络思想政治教育形态作为思想政治教育形态的新变革，源于媒介形态和人类生存方式的变化，是思想政治教育适应信息时代社会转型的必然产物。因此，教育环境或者教育场域的变化对网络思想政治教育过程具有重大的影响。考察网络思想政治教育的过程，不能不首先看到网络社会文化基本矛盾对思想政治教育的制约和影响。对于网络社会文化的基本矛盾，目前学术界存在不同的看法，主要有以下几种观点：

常晋芳在《网络哲学引论——网络时代人类存在方式的变革》一书中，从对网络的社会文化价值分析的角度，在总体上归纳了网络价值的十大悖论，即技术与人文、一元与多元、开放与封闭、自由与规范、民主与集中（分权与集权）、平等与差异、虚拟与现实、理性与价值、创新与传统、个人与社会十大矛盾，并认为技术与人文之间的矛盾是网络文化的最根本矛盾。因为网络一方面是一种新出现的技术；另一方面，它进入社会生活后又是一种新文化，技术性与人文性必然产生张力和冲突，这是工业社会以来一直存在的重要课题。常晋芳的这一概括从多方面揭示了网络文化的矛盾特性，对我们认识网络文化多样性的矛盾具有启迪意义。[①]

代金平等在《自由与规范：网络文化的基本价值冲突》一文中提出，自由是网络文化的基本特征，享受自由是网络价值主体基本与平等的权利，然而网络生存、网络社会的正常、合理、有序进行需要有一些入网机构和个人共同遵守的某些维护网络畅通的秩序，为了保证这些秩序，相应的法律、法规、准则、伦理、道德和价值观念的建构便是十分必要的。自由与规范之间的矛盾贯穿网络生活的始终，影响着网络文化价值中一元与多元、民主与集中、个体与社会等矛盾。因此，网络自由与网络规范之间的矛盾是网络文化的基本价值冲突。在笔者看来，自由与规范之间的矛盾的确是贯穿网络文化生活的基本价值冲突之一，它体现了网络文化的基本价值取向中蕴含的矛盾。但是，一个显而易见的事实是，用虚拟与现实的矛盾可以很好地解释网络社会中自由与规范的矛盾发生的机制；相反，用自由与规范的矛盾则很难说明网络

① 常晋芳 . 网络哲学引论—— 网络时代人类存在方式的变革 [M]. 广州：广东人民出版社，2005：25.

社会中虚拟与现实的矛盾。①

冯务中在《网络环境下的虚实和谐》一书中，提出并深入地阐述了“网络虚实二重性理论”。他认为，马克思主义语境中的“现实”是指现实的人、现实社会或现实生活。“虚拟”的概念有三个层次：广义的“虚拟”是指任何形式的符号化虚拟，而中义的“虚拟”是指数字化虚拟，狭义的“虚拟”是特指互联网世界中的数字化虚拟。他认为，虚拟不仅是事物的一种存在形式，也应该是人性的重要方面。②

网络世界作为一种复杂的矛盾存在物，不仅具有虚拟性，而且具有隐匿在虚拟性后面的现实性。冯务中认为，虚拟性与现实性的矛盾构成了网络世界的基本矛盾，这一矛盾渗透和贯穿网络世界的所有现象和矛盾之中。他还提出，网络世界具有技术世界、社会世界和人文世界三重不同的维度，在这三重维度中都蕴含着虚拟性与现实性的双重属性。虚拟与现实之间存在着差异性、同一性、对立性和统一性四个方面的基本关系，这四个方面的关系体现出网络既是现实的人的延伸，也是现实社会的延伸。同时，虚拟与现实之间既可能形成强性关系，也可能形成弱性关系，而一般情况下，应该

① 代金平，等．自由与规范：网络文化的基本价值冲突 [J]. 西南大学学报，2009(2)．
② 冯务中．网络环境下的虚实和谐 [M]. 北京：清华大学出版社，2008：97.

选择强性关系；虚拟与现实之间既可能形成良性关系，也可能形成恶性关系，人们应该选择良性关系。

我们更赞同“虚拟与现实的矛盾构成网络世界的基本矛盾”的观点，并且进一步把这一矛盾看成影响网络思想政治教育过程的重要外部因素，主要理由在于以下四个方面：

（1）虚拟与现实的矛盾全面反映了网络社会文化与现实社会文化的关系。

网络社会和网络文化是现实社会、现实生活的延伸，把虚拟与现实的矛盾看成网络社会或网络文化的基本矛盾，体现了历史唯物主义关于社会存在决定社会意识的基本原理。网络社会或网络文化包含了社会物质经济生活的方面，但网络社会交往里突出的是社会政治、道德、社会思想、情感交往方面，网络文化生活更集中地体现为建构人类的网上精神家园。探讨网络社会或网络文化的相关问题，不能就网络论网络，而是首先必须看到网络社会文化生活与现实的人、现实社会生活的必然联系，看到网络场域是现实社会场域的模拟或反映；同时，网络作为社会文化生活的拓展，又必然以其固有的特性放大现实社会文化生活的某些方面，并对现实社会文化生活起到塑造和影响的作用。因此，无论是网络社会、网络文化建设，还是网络思想政治教育，都必须高度重视网络环境下的“虚实和谐”。

（2）虚拟与现实的矛盾贯穿网络社会文化生活中，影响到网络思想政治教育过程的各个环节和方面。

虚拟与现实之间的关系作为一种矛盾关系，是差异、对立和同一、统一的辩证关系。从差异和对立的方面来看，网络虚拟场域作为数字化的“比特空间”，具有不同于现实社会“原子空间”的不同技术、媒介特性，虚拟社会对现实社会存在着某种相互否定、相互排斥的倾向和趋势，体现为网络社会对现实社会具有某些拒斥、侵蚀的作用和削弱现实社会控制的趋势；从同一和统一的方面来看，网络并不是单一的技术存在，而是依托网络技术平台，通过人们社会交往形成的社会空间和文化生活样式。网络是从现实社会中产生的，网络社会文化与现实社会文化有着必然的联系，网络虚拟空间与现实社会空间具有相互建构、相互渗透、相互补充、相互作用、相互转化的同一性或统一性。虚拟与现实之间的这种对立同一关系始终贯穿网络社会文化生活的过程中，影响到网络社会文化生活的各个领域，也始终贯穿网络思想政治教育的过程中，是我们认识和处理虚拟世界的各种问题时不能也不可能脱离的基本矛盾。

（3）虚拟与现实的矛盾反映了网络社会文化各种矛盾的实质，制约和影响着网络社会文化的其他各种矛盾。

我们认为，虚拟与现实的矛盾实质上反映的是人类由工业社会向信息社会转型过程中，社会生产方式、文化生活方式的重大变化和人们思想政治观念、道德观念、价值观念等的重大变化。它凸显了传统的社会权力结构和社会控制方式、信息传播方式与网络虚拟环境下社会权力结构和社会控制方式、信息传播方式之间的矛盾，说明随着信息网络时代的到来，传统的社会权力结构和社会控制方式、信息传播方式已经面临着巨大的变革和挑战。因此，虚拟与现实的矛盾必然贯穿、制约和影响着网络社会文化的其他诸多矛盾。

(4) 把虚拟与现实的矛盾确定为影响网络思想政治教育过程的重要外部因素，能够说明网络思想政治教育过程中各种矛盾产生的环境影响机制。

在网络思想政治教育过程中，存在着主导与自主、一元与多元、规范与自由、凝聚与开放、他律与自律等一系列矛盾。对虚拟与现实矛盾的剖析有利于揭示由现实社会场域向虚拟实在的、开放的、多样的、复杂的、交融的网络社会场域的转换背景，可以阐明人们思想观念、社会心理、行为方式和生活方式变化的机制，进而阐明网络思想政治教育中各种矛盾变化的特殊性，并通过有效的思想政治教育不断地解决这些矛盾，以推动网络思想政治教育的发展。

2. 主导性与自主性的矛盾是网络思想政治教育过程的内在矛盾

主导性与自主性的矛盾是思想政治教育过程基本矛盾在网络思想政治教育中的突出体现。虚拟与现实的矛盾反映了网络思想政治教育外部条件和外部环境的重大变化，此变化要通过引起网络思想政治教育内部矛盾的变化而起作用。虚拟与现实的矛盾对思想政治教育内部矛盾的影响作用突出表现为，它引起了思想政治教育过程基本矛盾表现形态的变化。

思想政治教育过程的基本矛盾是“一定社会的思想品德要求与受教育者的思想品德水平之间的矛盾”，在网络思想政治教育过程中，这一基本矛盾并没有改变。但是，在网络环境下，思想政治教育过程基本矛盾的表现形态出现了重要变化，主导性与自主性的矛盾成为思想政治教育过程基本矛盾在网络思想政治教育中的突出体现。在传统的思想政治教育过程中，教育者掌握着权威的思想政治教育信息，表现为思想政治教育信息的“把关人”；思想政治教育过程更多地表现为教育者传播信息和受教育者接受信息的单向传播过程；思想政治教育的环境相对封闭、单一，思想政治教育的过程具有较强的可控制性、可调节性。由此，教育者所掌握的一定社会的思想品德要求容易被“灌输”给受教育者。在网络环境下，网络思想政治教育的教育者与受教育者之间更主要的是一种平等交流的关系，传播媒介形态是虚拟的和自由的，媒介环境是开放的和全球的，受到这些因素的影响，使思想政治教育过程基本矛盾主要表现为教育者的主导性与受教育者的自主性之间的矛盾。

在网络思想政治教育过程中，教育者的主导性是指教育者自觉地、能动地按照一定社会的思想品德要求向受教育者传播社会核心价值体系的信息，用社会核心价值体系引导网络舆论和网络社会文化生活，试图使受教育者按照社会核心价值体系的要求规范自己的网络社会行为和现实社会行为，形成社会理想和信念，并为实现一定的社会共同目标、共同理想而努力奋斗的教育引导活动的性质。教育者的这种主导性与现实社会中思想政治教育的要求是一致的，但它的传播方式已然发生了重要的变化，即它是通过数字化、网络化的新媒体来实现信息传播的。

受教育者的自主性是指受教育者在思想政治教育过程中的主体地位。他们具有选择、接受和传播信息、参与社会文化的主动性或能动性。在网络环境下，受教育者的这种自主性极大地增强了。其主要表现在：其一，受教育者选择信息的自由度得到了极大的提高。在开放的网络环境中，选择什么网站、选择什么虚拟社区、点击浏览什么信息、关注什么新闻主题、发表与不发表言论等的权利掌握在受教育者的手中。其二，受教育者掌握的信息资源得到了极大的丰富。网络给受教育者提供了丰富而快捷的信息资源，打破了传统思想政治教育过程中教育者的信息权威地位。在很多情况下，受教育者甚至可能掌握更多的国内国际相关信息，从而获得更大的话语权。其三，受教育者的主动参与性得到了提高。网络传播打破了传统思想政治教育过程中"你传我受"的传播模式，教育过程突出地体现为一种双向互动的传播过程，受教育者往往也发挥着教育者的功能，谁能够主导教育过程，关键在于道理掌握在谁的手中、谁拥有更多的信息资源。其四，受教育者的个性得到了更大的张扬。我国社会正处于急剧转型时期，存在着各种不同的利益需求，生活方式和生活目标的追求都呈现出极其多样化的趋势。这些不同的利益诉求、生活方式表达集中地反映在网络社会文化空间中，网络环境为满足各种不同的个人发展需求提供了多样化的信息交流空间。在网络社会文化空间中，什么样的信息才能够吸引网民的注意，在很大程度上取决于这些信息满足人们发展的社会需要的程度；要实现对网络社会文化的主导性，关键的因素在于调动网民的主动性和参与性。

在网络思想政治教育过程中，教育者的主导性与受教育者的自主性是一种对立统一的关系。从统一的方面来看，任何一种思想政治教育过程中，主导性与自主性是构成同一矛盾的两个相互依存的方面，如果脱离了教育者的主导性，实际上就否认了开展思想政治教育的必要性；相反，如果否认了受教育者的主体性、参与性，思想政治教育也就不会产生实际的效果。在我国高校思想政治教育过程中，从根本上来看，教育者的主导性与受教育者的自主性是统一的。我国社会主义核心价值体系建设反映了我国社会文化发展的客观要求，反映了人民群众根本的利益诉求，为实现中华民族伟大复兴提供了精神动力和精神支柱，如果脱离了社会主义核心价值体系的引领，网络社会文化生活就会迷失发展方向。同时，广大师生既是受教育者，更是新时代中国特色社会主义事业的建设者，是先进生产力、先进文化的创造者和承担者，也是网络社会文化生活的主体；网络思想政治教育、网络文化的建设和管理必须充分发挥广大师生的主体作用。从差异或对立的方面来看，在网络环境中，各种社会矛盾得到了充分的显现，存在着反映不同价值观的信息，人们的价值选择在不同程度上与社会主义核心价值观存在差别，有的甚至会产生偏离，这就可能使一些网民拒绝接受和参与思想政治教育活动。然而，在自由的网络环境中，网民的自主选择、自主参与会严重影响到思想政治教育的效果。

主导性与自主性的矛盾实际上反映了在开放的网络环境中，教育者所掌握的一定社会的思想品德要求与受教育者是否愿意接受这种社会要求之间的矛盾关系。从这个意义上来说，如何从内容到形式，加强网络思想政治教育的吸引力、说服力、感召力和渗透力，调动广大网民积极参与先进的网络文化建设和管理，以提高网络思想政治教育的实效性，是网络思想政治教育面临的首要问题。

（二）高校网络思想政治教育过程的具体矛盾

以虚拟与现实的矛盾为基础，网络社会文化生活中发生着一系列的矛盾关系，涉及网络化生存的方方面面。那么，如何确定高校网络思想政治教育过程蕴含的主要的具体矛盾呢？列宁指出："必须把人的全部实践——作为真理的标准，也作为事物同人所需要它的那一点的联系的实际确定者——包括到事物的完整的定义中去。"应当从高校思想政治教育的实践出发，根据教育者实施思想政治教育过程和教育对象的思想政治素质形成过程这两大基本方面的影响因素，根据我国高校思想政治教育的目标和社会功能来确定高校网络思想政治教育过程中主要的具体矛盾。我国高校思想政治教育的根本目的是提高学生的思想道德素质，促进学生的自由全面发展，激励学生为建设中国特色社会主义，最终实现共产主义而奋斗。在社会作用上，思想政治教育则承担着导向、保证、凝聚、激励、调节、转化等社会功能。由此，把教育者的主导性与受教育者的自主性之间的矛盾展开来看，网络思想政治教育过程蕴含的具体矛盾主要包括一元与多元、规范与自由、凝聚与开放、他律与自律等。

（三）高校网络思想政治教育过程的矛盾转化

关于一元与多元的矛盾转化，网络思想政治教育应该积极宣传马克思主义，引导学生认同和践行社会主义核心价值观，同时用正确的理论、共同理想、以爱国主义为核心的民族精神和以改革开放为核心的时代精神、高尚的道德情操和健康的情感引导多样性的网络文化，促进各种健康的网络文化多样化发展。关于规范与自由的矛盾转化，网络思想政治教育应该致力于科学地提炼、概括有利于网络社会和现实社会和谐发展的网络社会行为规范，并通过教育宣传工作使网民接受这些行为规范，做好依法治网、以德育人的工作，保障人的自由全面发展。关于凝聚与开放的矛盾转化，网络思想政治教育必须认识到要增强先进文化的凝聚力和激励力，就必然要让它是面向大众的、开放的；同时，在一种开放的教育环境中，它又必须实现自身的主导作用，引导网民抵制各种错误的、落后的价值观的侵蚀，并引导网民自觉建设健康向上的网络文化生活。关于他律与自律的矛盾转化，网络思想政治教育必须从建构符合网络社会文化生活实际的网络道德体系入手，重点打造网络道德的他律和自律的机制，使网络道德行为规范被网民普遍认同，并转化为网民的网络行为习惯和内心信念。

三、高校网络思想政治教育过程的运行

高校思想政治教育过程的运行主要是指思想政治教育的施教和受教过程，即教育者和受教育者直接的相互作用过程，思想政治教育过程是教育者和受教育者双边互动的过程，教育者和受教育者的相互作用贯穿这一过程的始终。思想政治教育活动的开展起始于教育者和受教育者建立关系，之后，教育者对受教育者传导思想政治观念并提高其思想政治认识，进而引导受教育者实现从品德认识到行为转化并培养其品德践行能力。高校网络思想政治教育的过程是由教育者的施教、受教育者的受教和二者的平等互动三个部分构成的。高校网络思想政治教育过程的运行主要是通过教育者和受教育者的双边互动来完成的。由于网络交往的特性、教育者主体地位的弱化和受教育者主体性的增强，教育者和受教育者的网络互动程度和状态对网络思想政治教育能否顺利完成运行有直接影响。研究网络思想政治教育过程的运行实质就是研究教育者和受教育者在网络环境的交往互动状况。

(一) 高校网络思想政治教育过程的运行与网络交往

教育者和受教育者是网络思想政治教育过程的两个主要因素。高校网络思想政治教育过程的运行主要表现为教育者和受教育者的共同参与和相互作用。教育者和受教育者在网络环境的相互作用主要通过网络交往来进行。认识和了解网络交往特点及其具体模式有助于更好地把握网络思想政治教育过程的运行。

1. 认识网络交往的特点有助于把握高校网络思想政治教育过程运行的特征

网络交往是人类全新的交往方式，高校网络思想政治教育过程的运行也是教育者和受教育者在网络环境中交往行为的展开过程。

人类交往方式的变革是通过信息技术革命来实现的。信息技术革命是指人类社会中信息存在形式和信息传递方式以及人类处理和利用信息的形式所发生的革命性的变化。人类的社会活动过程就是人类交流信息和应用信息的过程。人类社会的发展和进步必然伴随着信息的存在、流通和加工利用方式的进步与发展。人类社会已经经历了五次信息技术革命，五次信息技术革命主要是:(1) 语言的创造。从猿向人转变时发生。劳动创造了人类，人类创造了语言，获得了人类特有的交流信息的物质手段，有了加工信息的特有的工具概念。(2) 文字的发明。发生于原始社会末期。它使人类信息传递突破了口语的直接传递方式，使信息可以储存在文字里，超越直接的时空界限，流传久远。(3) 造纸和印刷术的发明。是在封建社会发生的变革。这一发明扩大了信息的交流和传递的容量和范围，使人类文明得以迅速传播。(4) 电报、电话、电视等现代通信技术的创造。发生在19世纪末20世纪初期。这些发明创造使信息的传递手段发生了根本性的变革，加快了信息传输的速度，缩短了信息的时空范围，信息能瞬间传遍全球。(5) 电子计算机的发明和应用。20世纪中叶出现的计算机从根本上改变了人类加工信息的手段，突破了人类大脑及感觉器官加工处理信息的局限性，极大地增强了人类加工、利用信息的能力。网络对人类社会的全方位渗透极大地丰富了人类的生活内容并引发了人类交往方式的变革，逐渐形成以网络技术为中介的交往模式。

德国的哈贝马斯在《交往行为理论》中认为，交往行为是用来传播和更新文化知识的；交往行为起着社会整体化和创造团结互助的功能；交往行为是为了形成个人独有的特征和本质。网络交往是指在网络上以计算机语言符号为主要交流介质，以实现物质、能量、情感和信息的交换与沟通为主要目的的人际间的符号性精神互动活动。社会心理学研究学者认为，“网络交往是一种‘人—机—人’的互动，与现实社会中人与人之间面对面的交往不同，交往方式可以是一对一，也可能是一对多或多对多的；网络交往是一种匿名互动，与现实社会中人与人之间面对面的交往不同，互动双方的身体不共同在场，互动主要是凭借一个网名，通过文本符号进行交流；网络交往是一种由内而外的互动，身体属性和身体接近性在面对面的人际交往中具有重要意义。在网络人际交往中，视觉匿名使得彼此外在的东西对于交往而言毫无意义，交往的顺利进行取决于双方自我揭露的程度，以及拥有的对话题的共同知识和共同兴趣。”

与传统的交往方式相比，网络交往呈现如下特点：(1) 交往空间的开放性。网络交往打破了时空限制，拓展了人们交往的领域，突破了国家、民族、社会制度、文化的制约，把世界连成了一个“地球村”。(2) 交往主体的平等性。网络没有中心，没有等级和特权，人与人之间的联系和交往趋于平等，个体的平等意识和权利意识也进一步加强。网络交往扫除了社会角色地位的障碍，突破了年龄、性别、相貌、健康状况、社会地位、身份、背景等传统因素的制约，交往个体的个性得以张扬，自由地进出网络空间并自主地决定与他人发生或中断人际交往。(3) 交往形式的虚拟性和内容的实在性。网络虚拟是通过计算机互联网的数字符号显示，以“数字化”的方式在现实空间之外构筑一个与现实空间相映照的虚拟空间，这就使得网络交往创造了一种超越物理世界的虚拟交往场域，但网络交往形式的虚拟不是虚幻，其交往内容仍然是现实空间真实的人与人之间的交往。(4) 交往方式的交互性。网络交往作为一种特殊的社会交往行为，实际上也是网络空间中一种特殊的社会互动。交互性是指网络交往行为主体在网络上所形成的一种特有的信息、知识和情感之间的互动关系，它包括了网络交往行为主体之间，以及网络交往行为主体内部，围绕着信息和知识的生产、传递、交换、流通、竞争和冲突等环节而产生的一种相互参与和相互影响的性质。传统交往方式具有线性的互动特征，而网络交往的交互性在于它不仅包括了不同网络交往主体之间多维度、去中心化的互动关系，而且还包括了网络交往主体自身不同角色扮演所产生的变动性和多样性。(5) 交往结果的二重性。网络交往使人们获得更多信息的同时，也使人们对机器的依赖性增强，导致人的语言文字处理能力和思维创新能力退化。网络交往使人与人之间的交往没有了时空障碍，但数字化的符号交往手段也使现实社会中人与人之间的情感更加疏远。网络虚拟的匿名性交往也使得网上的信任危机甚于现实社会。网络交往使得交往主体的平等性和自由度大大增强，但由于缺乏必要的条例约束机制和自律能力，交往主体的自我认知偏执和行为失范时有发生。

高校网络思想政治教育过程的运行主要体现在教育者和受教育者的网络交往活动中，由此可见，其运行也呈现出开放性、平等性、虚拟实在性、交互性等基本特征。

2. 了解网络交往的具体模式及途径是高校网络思想政治教育过程运行的基本前提

既然高校网络思想政治教育过程的运行是教育者与受教育者在网络环境中的交往互动，那么，二者在网络空间交往互动的具体方式和途径必然有别于现实环境。只有了解和掌握了网络交往的具体模式及途径，教育者和受教育者在网络空间的交互活动才能得以顺利进行，网络思想政治教育过程的运行才能真正展开。

网络交往的具体模式与网络作为一种新型传播媒介的传播模式紧密联系。网络传播融合了大众传播和人际传播的信息传播特征，在总体上形成一种散布型网状传播结构，网络传播将人际传播和大众传播融为一体。

网络信息技术为人们提供了很多服务项目，从人们经常使用的电子邮件、交友网站到现在发展势头强劲的微信、微博，再到其他社会性软件的普及，它们以各自的优势和特点成为网络交往的工具和主要途径。

（1）电子邮件（E-mail），又称电子信箱、电子邮政。它是一种用电子手段提供信息交换的通信方式，是互联网应用最广的服务。通过网络的电子邮件系统，用户可以通过非常快速的方式，与世界上任何一个角落的网络用户联系，这些电子邮件可以是文字、声音、图像等各种方式。

（2）新闻组（Newsgroup），就是一个基于网络的计算机组合，这些计算机被称为新闻服务器，不同的网络用户通过软件可以连接到新闻服务器上，阅读其他人的消息并参与讨论。它是个人向新闻服务器投递邮件的集合，这些邮件大多具有共同主题，如体育新闻组、幽默笑话新闻组等。新闻组是一个完全交互式的超级电子论坛，是任何一个网络用户都能进行相互交流的工具。新闻组是一种高效且实用的工具，在国外，新闻组账号和上网账号、电子邮件账号并称为三大账号，由此可见其使用的广泛程度。新闻组的信息量非常大，据相关资料介绍，目前国外有新闻服务器 5 000 余个，最大的新闻服务器包含 39 000 多个新闻组，其中每个新闻组中又有上千个讨论主题。新闻组具有直接交互的特性，每个用户都可以自由发布自己的消息，不管是哪类问题及多大的问题，都可以直接发布到新闻组上和成千上万的人进行讨论。新闻组的主题非常鲜明，只要看每个新闻组的命名就能清楚它的主题。全球绝大多数的新闻服务器都连接在一起，就像互联网本身一样。在某个新闻服务器上发表的消息会被送到与该新闻服务器相连接的其他服务器上，每一篇文章都可能漫游到世界各地。

（3）即时通信（IM），是一个终端服务。它允许两人或多人使用网络来即时地传递文字讯息、语音、档案与视频。即时通信不同于电子邮件之处在于它的交谈是即时的。例如，QQ、微信是互联网上十分流行的即时信息传递软件，提示用户何时朋友和同事连接到互联网上，并可以通过这个软件相互交流，它支持在互联网上聊天、发送消息和文件等。即时通信的功能日益丰富，不再是一个单纯的聊天工具，已经发展成集交流、资讯、娱乐、检索、电子商务、协同办公和企业客户服务等于一身的综合化信息平台。人们的日常生活已经广泛使用即时通信了，目前流行的即时通信软件有 QQ、微信（Wechat）、推特（Twitter）、脸书（Facebook）等。

（4）微信（WeChat），是腾讯公司于 2011 年 1 月 21 日推出的一个为智能终端提供即时通信服务的免费应用程序。微信支持跨通信运营商、跨操作系统平台，通过网络快速发送免费（需消耗少量网络流量）语音短信、视频、图片和文字，同时，也可以使用共享流媒体内容的资料和基于位置的社交插件，如“摇一摇”“漂流瓶”“朋友圈”“公众平台”“语音记事本”等。微信提供公众平台、朋友圈、消息推送等功能，用户可以通过“摇一摇”“搜索号码”“附近的人”及扫二维码等方式添加好友和关注公众平台，同时微信可以将内容分享给好友以及将用户看到的精彩内容分享到微信朋友圈。

如今，公众号已经成为非常重要的自媒体平台。微信公众号是开发者或商家在微信公众平台上申请的应用账号。该帐号与微信账号互通，通过公众号，商家可在微信平台上实现和特定群体的文字、图片、语音、视频的全方位沟通、互动，形成一种主流的线上线下微信互动营销方式。

(5) 电子公告板（BBS)，是一种发布并交换信息的在线服务系统。它提供一块公共电子白板，每个用户都可以在上面书写、发布信息或提出看法。电子公告板可以使更多的用户通过电话线以简单的终端形式实现互联，从而得到廉价的、丰富的信息，并为其会员提供进行网上交谈、发布消息、讨论问题、传送文件、学习交流和游戏等的机会和空间。

(6) 博客（Blog)，又译为网络日志，是一种通常由个人管理并不定期张贴新的文章的网站。博客是一种以网络作为载体，简易、便捷而迅速地发布自己的心得，及时、有效、轻松地与他人进行交流，并且集丰富多彩的个性化展示于一体的综合性平台。博客是继电子邮件、电子公告板、ICQ之后出现的第四种网络交流方式，被称为网络时代的个人“读者文摘”，是以超链接为工具的网络日记，代表着新的生活方式和新的工作方式，更代表着新的学习方式。由于沟通方式比电子邮件、讨论群组更简单和容易，因此，博客已成为家庭、公司、部门和团队之间越来越盛行的沟通工具。

（7）微博（Weibo），即微型博客（MicroBlog）的简称，是一种通过关注机制分享简短实时信息的广播式的社交网络平台。微博是一个基于用户关系信息分享、传播及获取的平台。用户可以通过 Web、Wap 等各种客户端组建个人社区，以 140 字（包括标点符号）的文字更新信息，并实现即时分享。微博的关注机制分为可单向、可双向两种。微博作为一种分享和交流平台，其更注重时效性和随意性。微博更能表达出一个人每时每刻的思想和最新动态，而博客则更偏重梳理自己在一段时间内的所见、所闻、所感。2014 年 3 月 27 日晚间，在中国微博领域一枝独秀的新浪微博宣布改名为“微博”，并推出了新的商标，新浪色彩逐步淡化。

（8）播客（Podcasting），即自助广播，是数字广播技术的一种。播客录制的是网络广播或类似的网络声讯节目，网民可将网上的广播节目下载到自己的 iPod、MP3 播放器或其他便携式数码声讯播放器中随身收听，不必端坐在计算机前，也不必实时收听，享受随时随地的自由。同时，网民还可以自己制作声音节目，并将其上传到网上与广大网友分享。最初，播客仅仅是一个用于网民记录自己的心声或者发布新闻的工具，如今，很多政治类播客也陆续出现。

(9) 网络直播(WebCast)。网络直播可以同一时间透过网络系统在不同的交流平台观看影片，是一种新兴的网络社交方式。其主要分为实时直播游戏、电影或电视剧，用于介绍产品知识及销售产品等。

网络直播吸取和延续了互联网的优势，利用视讯方式进行网上现场直播，可以将产品展示、相关会议、背景介绍、方案测评、网上调查、对话访谈、在线培训等内容现场发布到互联网上，利用互联网的直观、快速、表现形式好、内容丰富、交互性强、地域不受限制、受众可划分等特点，加强活动现场的推广效果。现场直播完成后，还可以随时为网民继续提供重播、点播，有效延长了直播的时间和空间，发挥了直播内容的最大价值。

以手机 App 形式出现的网络直播和小视频平台已经成为互联网资讯传播的重要途径，也是沟通和交流的重要平台。

随着网络信息技术的不断发展，越来越多的社会性服务软件还在不断地被开发出来，它们着意以技术改进人类的交流方式，让人们共享技术进步带来的交往乐趣，它们必将日益丰富网络交往的途径。

(二) 高校网络思想政治教育过程运行中的交往互动

在网络环境中，必须先有教育者和受教育者的互动交往，才可能有思想政治教育活动的开展；没有教育者和受教育者的交往互动，就不可能有网络思想政治教育活动。网络思想政治教育过程运行中的交往互动呈现诸多新特点，有效实现教育者和受教育者的交往互动，对高校网络思想政治教育过程的运行意义重大。

1. 高校网络思想政治教育者与受教育者交往互动的特点

在传统思想政治教育中，教育者和受教育者的交往和关系建立会依靠教育活动的开展而形成。在高校网络思想政治教育中，这种先后顺序发生了变化，教育活动能否开展有赖于教育者和受教育者能否产生互动交往。在网络环境中，思想政治教育者和受教育者的交往互动呈现如下新特点。

（1）二者的交往互动必须是在双方主动的前提下开展的。在传统的思想政治教育中，大多数情况下，教育者的“传”和受教育者的“受”是存在线性的主动和被动状态的。在网络环境中，二者的行为活动必须是双方均主动为之，才能形成网络思想政治教育。一方面，教育者要积极主动地在网络中“找到”受教育者来开展活动；另一方面，教育者还必须创设和建构良好的网络交往空间，通过传播满足受教育者需求的先进文化来激发受教育者主动交往的意愿，吸引受教育者前来交往并接受教育。

（2）二者的交往互动是平等、开放的。网络空间开放和交往的平等性使得思想政治教育者必须在思想上高度重视受教育者的主体性地位，时时掌握受教育者在网络交往中的动机、兴趣和需求点，采用受教育者常用的话语风格并与之平等对话，以始终保证交往可持续地进行。

（3）二者的交往方式是主导性与自主性相统一的。在网络环境中，思想政治教育者的主导性和受教育者的自主性是教育过程中的突出矛盾，在二者的交往互动中，主导和自主的矛盾也是时时处处在体现的。思想政治教育者应始终坚持在网络空间发挥主导作用，但同时又要跟上网络文化发展的潮流，密切关注受教育者的关注热点，不断创新交往手段，把主流文化的传播与受教育者的行为选择喜好紧密结合起来，因势利导，让受教育者始终愿意并乐意在网络空间与教育者交往并接受思想政治教育。

（4）二者的交往关系是友好、和谐的。网络交往结果的二重性使得思想政治教育者和受教育者的交往也面临情感疏远和信任危机的挑战。借鉴传播学的创新与扩散理论，网络思想政治教育者应把与受教育者的线上互动和线下交往紧密结合，使得通过网络广泛传播先进文化信息的行为和线下近距离的深度人际交往能同时发挥优势作用，从而建立起友好、和谐的交往关系。

2. 有效实现网络思想政治教育者与受教育者的交往互动

在网络环境中，由于思想政治教育者主体地位的弱化和受教育者主体性的增强，要想达到二者的交往互动，进而开展教育活动，就必须改进相对封闭的传统线性的现实交往方式，对交往的主体、内容、手段和空间等要素建立全新的认识，构建起开放、平等、愉悦的互动交往模式，保证网络思想政治教育过程的良好运行。当前，要有效实现网络思想政治教育者与受教育者的交往互动，应注重以下举措的运用：

（1）教育者应密切关注和把握受教育者的思想行为变化，随时调整交往方式。网络思想政治教育的主要对象是网民，对网民思想行为特点的全方位了解也就是对受教育者情况的全面掌握。运用调查研究、观察体验等方法，能充分提高网络思想政治教育者的认知水平，并能根据受教育者的变化不断创新和调整交往方式，保持交往的持续进行。

（2）教育者应不断拓展教育空间，深入网络生活，实现线上和线下的全方位深度交往互动。网络思想政治教育的范围不仅指线上，其本身也是现实思想政治教育在网络中的延伸和发展，教育者和受教育者在网络环境中的交往互动必然是线上和线下的联动。

（3）网络思想政治教育要打造线上阵地，着力构建主导网络生活的交往活动空间。网络空间中，教育者和受教育者的交往互动也必须在一定的场所进行，打造虚拟的线上思想政治教育阵地能有效满足这种需求。网络思想政治教育活动中建设“红色网站”的任务始终是重要而艰巨的，当前如何提高这些主流交往空间的“人气吸引指数”(即网站点击率) 显得尤为重要。

(4) 教育者应紧跟网络信息技术发展，及时启用社会性软件工具来丰富交往途径。思想政治教育者和受教育者在网络空间的交往互动程度不仅受到自身主观的交往意愿引导，而且更受客观的网络交往软件技术工具运用的影响。网络信息技术的发展催生了众多的网络社会性软件，它们的广泛运用也不断丰富着网络交往的途径，教育者只有及时掌握并熟练运用这些软件，才能保证与受教育者的交往更畅通。

(5) 网络思想政治教育要高度重视网上精神家园的建设，积极营造网络交往的良性舆论氛围。大多时候，人们通过交往活动是满足了情感和精神的需求，网络交往能否顺利进行也取决于其对交往主体精神需求满足的程度。建设网上精神家园并传播先进文化能增强思想政治教育者和受教育者的交往内驱力，进而营造出良性的交往舆论氛围，引导网络交往互动的健康进行。

(6) 教育者要注重交往方式和手段的创新和改进，最终促使受教育者自教自律体系的建成。网络思想政治教育要完成教育任务和达成教育目标，必须依赖受教育者的自教自律。不过，网络环境中，受教育者自教自律体系的建成并不是一种自主自发的习得状态，而是必须依靠教育者不断的主导才能完成。在教育过程中，教育者只有不断创新和改进交往方式和手段，才能与受教育者实现交互，才能真正有效地发挥主导作用，进而促使受教育者自教自律体系的最终建成。

第四章 高校网络思想政治教育的平台、队伍和机制建设

网络思想政治教育是互联网技术与思想政治领域交叉融合的新应用和新实践，是高校大学生网络学习、交流和探讨的新空间和新阵地，也是运用网络做好学生的思想行为引导工作的新手段。这既是一个技术驱动教育变革的理论问题，也是教育机制的创新变革问题。在网络信息高速发展的时代，要积极运用“互联网 +”思维，切实发展与完善高校网络思想政治教育的平台建设、队伍建设、机制建设。

一、平台建设

2016 年 12 月 7—8 日，习近平总书记在全国高校思想政治工作会议的讲话中强调，做好高校思想政治工作，要因事而化、因时而进、因势而新。[①]

① 人民日报:《习近平在全国高校思想政治工作会议上强调：把思想政治工作贯穿教育教学全过程 开创我国高等教育事业发展新局面》，2016 年 12 月 09 日。人民网：http://dangjian.people.com.cn/n1/2016/1209/c117092-28936962.html。

(一) 网络产品平台建设

网络产品实际上是网络文化资源，在学生自主学习和自我发展的过程中所接触到的网络文化资源是学习的基础和前提。因此，高校网络思想政治教育的网络学习平台建设离不开网络文化资源的构建。一是新媒体展示平台。学生通过这一模块的浏览，对于思想政治理论课的日常教学目标以及教学任务有了一定的掌握，及时地了解到最新的发展动态和趋势。二是打造思想交流平台。及时更新国内外经济、政治、文化等最新要闻，拓宽学生视野，开展后续时政热点分析讨论。三是建立经典原著学习平台。加深学生对马克思主义基本原理和理论的理解，增进学生对分析问题、解决问题的基本原则与基本方法的把握，增强学生运用马克思主义基本原理、基本方法解决现实问题的能力。四是构建国家精品开放课程平台。通过添加国家精品课程资源网的链接，将这部分资源纳入高校思想政治理论课网络文化资源平台中，让学生接触到更多优质的文化资源。

网络教育互动平台的搭建。“网络的虚拟性和共享性使得高校思想政治理论课学习无论时间还是空间上都进一步地拓展和延伸，在这一过程中，网络教育互动平台的构建尤为重要。”[①] 可以从以下方面着手：一是创建课程聊天室。通过在线深度互动交流，高校师生能够实现快捷的沟通和互动，帮助学生提高其自主创新、自觉思考的能力，完善其思维模式，在这个过程中，传统师生关系变得更加平等和谐。二是开展时事热点专题讨论。通过讨论式的网络思想政治教育，丰富学生的知识储备，让学生学会自主地查资料、想问题，同时通过更多的实践学会更好地解决问题，提高其创新创造能力。三是展示学生的优秀作品。通过网络研究学习，学生在研究和调查的基础上形成研究成果，并将其上传到网络教育平台，通过其他同学的浏览、讨论以及与教师的沟通互动，一方面发现问题，弥补不足；另一方面，激发热情，提高学习动力。

（二）网络传播平台建设

1. 网络文化传播体系的完善

随着互联网的迅猛发展，新媒体的全面研发与使用，新时代高校思想政治教育被赋予了全新的力量，完善网络文化传播体系：一要构建便捷并且及时高效的传播载体。加强各个载体之间的信息沟通与资源整合，使课堂、管理、活动等载体之间相辅相成、相互作用，在高校思想政治教育的传播

① 刘强，刘红芹．新媒体实践与高校思想政治教育传播体系建设 [J]. 学校党建与思想教育，2018(20)．

载体，在融合循环、创新发展中成为一个灵活的有机整体。二要优化传播过程。传播过程中的主体、内容、环境、渠道、受众、效果等都要根据新时代青年大学生思想品德形成与发展的规律，结合个体发展的方向因材施教。三是协调传播模式。对于思想政治教育旧的传播模式与理念，在符合新时代高校思想政治教育规律及要求的基础上，不断增强其科学性、价值性和艺术性，让思想政治教育传播的强大活力、无限生命力得以最大限度的彰显。

2. 构建具有公信力的公众信息传播平台

“作为社会发展的动力，媒体是区分社会形态的标志，进入一个新时代离不开新的媒介的产生及其运用。”[①] 近些年，移动社交网络的增长突飞猛进，青少年是其使用群体的重要组成部分，其生活方式也在随着移动社交网络而发生变化，必须构建良好的移动社交网络平台。因此，公众信息平台在呈现信息、解释相关问题与理念的时候必须遵循基本价值，坚守公众信息平台的责任底线。呈现什么信息、怎样更好地呈现信息，让人们主动接受信息，都要有一个严格的标准和遵循基本的价值，让大学生通过这些信息树立正确的世界观及人生观，做到高质量输出信息的同时实现及时更新，过滤和

① [美] 保罗·莱文森；何道宽，译. 数字麦克卢汉：信息化新纪元指南 [M]. 北京：社会科学文献出版社，2001：265.

筛除混淆视听的不良信息，做最充分且公正的报道，让大学生充分认识到事实真相，形成正确的认识。

3. 传播具有正能量的网络信息内容

由于国内外环境复杂多变，网络上的错误言论以及错误力量很容易导致大学生迷失自我，让其产生消极观念。因此，作为大学生使用最为广泛、接触最为密切的移动网络平台，传播积极向上的信息和内容是其主要责任。加强正能量传播，让学生在学习和生活中更加积极向上，加大传统文化的宣传力度，通过传统文化内容的推送，充实大学生的生活，丰富大学生的内心，筑牢大学生的思想，让大学生在熏陶中了解传统文化的来龙去脉、博大精深。在这一过程中，注重传统与实际的密切联系，让大学生在优秀文化的影响下，拥有正确把握世界的眼光。引导大学生对社会发展的正确认知与把握，不要人云亦云，不随波逐流。移动网络社交平台在这个过程中要担起讲好中国故事、弘扬中国精神、传播中华文化的时代使命，为大学生积极健康的心理营造良好的环境。

4. 打造线上、线下良性互动的移动网络传播平台

互联网时代，人跟人再也不像以前那样总是坐在一起面对面地谈天说地、交流思想，原本这种近距离的亲密接触不见了，取而代之的是各种线上通信方式。每个人都离不开手机等互联网通信方式，时刻捧着手机成为一种普遍现象。大

学生汲取信息的主要渠道成为互联网，从而使得当代大学生线下沟通交流骤降，并且成为当代大学生的普遍状态，这种发展趋势一方面提高了交流的便捷性；另一方面却对现实人际关系的发展交流造成了近乎毁灭性的打击，人们沉迷这个虚拟、互相看不见的世界，网络上的亲密导致了现实中的疏离与陌生，人们看似满满当当的网络社交却难掩精神世界的空虚，消极情绪迅速增长并时刻影响着人们的生活和交流。因此，线上、线下必须实现有机统一、缺一不可，切不可顾此失彼，通过适当的方式与途径将大学生从线上拉到线下，也是移动网络平台在设计和运营过程中需要思考和实践的重要内容。开发线上、线下互动产品，举办线上、线下互动活动，从而使当代大学生从线上更好地参与到线下实践。

（三）大数据平台建设

随着网络信息技术的发展，大数据开启了一场新的数据技术革命，改变了我们认识世界的途径和方式，改变着经济、政治、文化、社会、教育等社会生活的各个领域。为有效应对大数据带来的变革和挑战，各国纷纷将大数据提升为国家战略，如我国的《促进大数据发展行动纲要》明确表示，大数据技术是重塑国家竞争优势的新机遇，就本研究而言，就是要依托大数据技术，开展网络思想政治教育的相关研究。

一是拓宽调查覆盖面，汇聚最全最新数据。把握大学生的近况，无论是生活中的，还是其精神上的，都要随时把握、及时发现、快速处理。把握前沿技术，即时实现准确分析，及时了解大学生的舆情动态并加以引导。大数据分析处理在这个环节中可谓是非常重要的一部分了，必须通过数据的处理分析来发现和解决相关问题。对于一些矛头，要给予特殊的关注，通过全覆盖式的思想动态和行为，关注和引导思想行为的发展。在这样一个大数据时代，生活离不开网络，大家每天都在通过网络记录生活和学习。因此，高校思想政治教育可以通过对这些数据的收集、分析与整理，及时全面地对大学生的思想行为进行宏观把控，发现问题，并及时地处理发现的问题，将不良思想行为扼杀在摇篮中，及时跟进数据变化情况，并据此进行具体工作的调整。

二是打造多层次、全方位的综合信息数据平台。大学生的个性会被无限放大，差异性也会更加凸显，要适应这种不同，就要通过大数据，制定并实施具有差异性的不同培养模式和教育方式。对于高校思想政治教育工作者来说，树立高度的大数据思维意识越发关键，必须深刻学习领会大数据思维，掌握基本的大数据应用技术，并将其应用于日常教学中。通过掌握分析大数据，及时反馈大学生思想行为的最新动向，通过对数据与时间的考察而做出预测，展开对大学生思想行为的正确指导和引领。“控制干预网络舆情事件发展从头做起，思想政治教育工作者就要将大数据意识运用于日常工作，让大数据技术充分发挥作用，对舆情信息进行准确的量化分析处理，归纳重点、瞄准热点，精准有效地构建思想政治教育防范体系。”[①]

三是开展综合治理，形成联动机制。通过国家、社会、学校、家庭、学生个人的共同努力，使得大数据在实际应用中的消极影响降到最低。建立专业团队，培育专业精神，大学生思想政治教育工作者既要全面深入地理解和掌握大数据的内涵与特点，还要在具体工作实践中熟练运用大数据，在此基础上提高对大学生网络思想行为的预测和把握能力。并且建立和培养高效的大数据教育工作组织或团队，在实际运用中展示其重要作用。加强高校与家长的长期深入互动。通过家庭与学校的大数据共享，实现双方数据互动，为大学生的思想行为发展提供最佳的教育。

四是有效整合大数据资源。对于拥有主流资源的教育部门及媒体等，须同相关高校紧密联系，共享资源，建立完善的数据共享机制，合理合法地对大学生相关数据信息进行收集分析，结合实践，有效、实用和有针对性地开展思想政治

① 朱燕. 大数据背景下大学生思想政治教育工作面临的挑战及对策 [J]. 学校党建与思想教育，2017(6).

教育。

(四)评价检测平台体系建设

1. 在线开放课程评价体系建设

(1)慕课课程设计与开发。教学观念、课程观念必须随时更新，在掌握和充分了解网络环境学习特点、网络信息交流规律的基础上铺开。首先，知识系统性与微粒化并重的课程内容与结构设计。课程的内容体系必须是系统的，同时也是完善的，进行系统化的教学设计，对于课程的整体结构，必须在深入研究的基础上，结合实践教学，整体把握、细致拆分，做到小板块与大布局的相互补充，在教学实践中相得益彰。其次，既尊重学习者的个性化与差异性，同时又要善于引导，倾力指导。对于不同的学习者，帮助其找到适合自己的学习方式，设计学习活动。每个人知道自己的目的，明确自己的任务，从而提升大学生在自主参与过程中的成就感与满足感。再次，提供完善、贴心的学习支持服务，让学习者增加对课程的认同感，进而提高课程的参与度，降低辍学率。最后，加快课程设计方法论创新。通过对用户数据的反馈分析以及技术水平的有效提高，最大限度地缩短课程的开发周期，有效提升新兴课程开发模式。

(2)创造利于慕课发展的良好环境。作为基于互联网技术的一项教育变革，慕课的发展需要政府、平台、教师等相关各方各司其职、共同建设。从以下方面入手促进其发展：国家层面，全国人民信息化素养的培育与提高；教师层面，提高教师实际教学时间中的信息化素养，转变原有的传统信息观念，大力培养专门的、高水平的信息化人才；国家依据实际发展情况来制定可行性实行政策，并且加大财政投资和扶持力度，加强及完善互联网基础设施建设。对于慕课的发展来说，必须多方配合，共同发力，对于决策者，其观念跟上时代发展最重要，必须充分重视起来；对于课程本身，课程资源的单一制约发展，必须强化课程资源，并且能够在此基础之上来加强教师团队建设；从硬件发展角度来分析，怎样有效控制使用成本、提高计算机使用效率也是当前需要考虑的重要问题，增强各大运营商沟通联系、普及网络应用也是亟待解决的关键问题。真正实现人们思想观念的更新与转变，更好地接受新事物。

（3）慕课学习评价与教学质量评价模式的变革与创新。建立有效学习效果评估机制，实现学习评价目标和学习评价形式的双重创新。首先，学习评价不是为了判定能力高低，而是让大学生学会学习、发现短板。因此，在慕课授课中嵌入密集的随堂练习、测试等内容，及时反馈学习效果，有效地发现问题并调整学习活动。其次，学习评价形式要更加多样、智能，发挥团队力量，不断创新。慕课可通过课堂练习、随堂测试、各种作业任务形式等展开多样的学习评价，评估学习效果。值得注意的是，在作业的布置过程中，一方面要布置个人独立完成的作业；另一方面，要将需要团队合作完成的作业项目交到学生的手中，让学习者自愿组成团队完成作业。运用人工智能技术，开发设计专业软件，打造专门平台，分析、评价与反馈作业实效。最后，充分利用大数据技术优势，基于课堂学习等数据资源沉淀，开发数据模型，精准感知学生网络需求和问题，及时反馈和形成教学方案，实现教育质量的智能评价模式，辅助教育教学，提升教学质量和水平。

2. 网络文化产品评价体系建设

习近平总书记曾在文艺工作座谈会上强调："文艺是时代前进的号角，最能代表一个时代的风貌，最能引领一个时代的风气。"[①] 网络文化产品作为互联网新技术与文化艺术结合的新产物，对当代大学生网络思想行为也起到了十分重要的影响，作为担负"立德树人"重任的高等院校，必须要构建高校网络文化评估指标与评价体系的原则，对校园网络文化产品进行评价。一是方向性原则。教育将培养什么人作为首要问

① 人民日报：《习近平：坚持以人民为中心的创作导向 创作更多无愧于时代的优秀作品》，2014 年 10 月 16 日。人民网：http://cpc.people.com.cn/n/2014/1016/c64094-25843852.html。

题，高校网络文化建设评价指标的确定也必须要以立德树人作为导向，增强社会主义核心价值观培育，注重精神文明发展，以培养国家和社会需要的优秀高品质人才为目的。二是系统性原则。对于这项复杂而又系统的大工程来说，一定要做到整体规划、重点协调，充分发挥合力。三是可行性原则。这个指标的设定并不是毫无依据的随意设定，必须是在大量数据指导下，紧跟发展变化，随时调整，设置出来可以为指标实践者所实现和遵循的合理指标体系，在现实生活中具有实现的可能性和可操作性。四是定性定量评价相结合。通过对量的把握，从而对整个指标进行定性分析与研究。五是评价主体多样。由于单一的主体可能导致结果的误差，因此，必须综合各方评价，力求让评价标准变得更加全面广泛。

高效合理地构建高等院校网络文化评估指标。首先，要对网络文化成果进行清晰明确的界定，需要对其有一个非常清晰的认识，紧贴国家政策，着眼于社会发展的主要特征，深刻遵循和紧跟热点、焦点问题，批判和纠正偏激思想观点，积极创作和推广专业性高的理论作品。其次，要依据实际情况来建立可行的网络文化成果评估指标体系，并且制定标准需要由具体成果内容来进行确定，必须坚持政治性、传播性与学术性相统一的评价标准。最后，要对高等院校的网络文化成果评估流程进行规范化管理，确定科学合理的评价流程，建立较为完整的工程体系。依据网络文化成果内容的严谨程度、网络适用情况、主要知识构造情况等不同角度进行综合性评价。在实际应用中，可以对教师的科研成果进行评价，也可以评价学生是否符合毕业条件和标准。当前发展阶段，主要是把取得较为优秀的网络文化成果在认证结果上进行推广使用，按照“政府积极引导、高等院校自愿参与”的原则来对高等院校层面协同组织的建设提供指导性意见，并且委托第三方来对文化成果的认证结果进行评价。除此之外，高等院校也可以借助互联网平台来对已经获取的优秀文化成果进行二次传播和研发。高等院校网络文化评价中心应从当前网络文化发展现状出发，提供支持、采取措施，推动评价认证的具体应用。

3. 网络文化活动评价体系建设

高校网络文化活动是高等院校思想政治教育和网络文化工作的重要构成部分，必须要建立健全高校网络文化活动评价，使其成为网络育人的重要保障和措施。

首先，要明确网络文化活动的方式、范围、评选办法与指标，牵头制订本校关于优秀网络文化活动组织和评价的操作细则，将优秀网络文化活动作为评价思想政治教育质量的重要依据。其次，推动高校网络文化评价体系的新应用。对于网络文化成果可进行影响力评价，而对于网络文化活动，如“中国梦”主题演讲比赛、“我和我的祖国”视频公益评比、“改革开放 40 年”诗歌朗诵等网络主题活动，要探索对网络活动成效的系统性评价，如设置参与人员数、反响效果、教育目的实现度、社会影响力等指标，实现校园网络文化活动的整体评价。最后，构建基于数据分析的网络文化活动评价模式，基于校园大数据分析和挖掘，能够动态、及时地实现对开展特定网络文化活动进行评价，从而客观反映网络文化活动建设的成效。

开展高校大学生网络思想行为教育引导需要我们不断加强队伍建设和机制建设，着力打造一支由思想政治教育理论课（思政课）教师队伍、辅导员队伍、网络技术队伍、舆论舆情队伍组成的工作队伍，健全完善一套由网络产品生产机制、管理服务机制、网络监管机制、网络反馈机制、网络联动机制构成的工作机制。

二、队伍建设

高校大学生思想行为引导队伍是做好高校思想政治教育工作及其管理工作的组织保障，要全面加强高校思想政治教育理论课教师队伍建设、辅导员队伍建设、网络技术队伍建设、网络舆情队伍建设。

（一）思政课教师队伍建设

在互联网和信息爆炸的时代，思政课的重要性更加凸显，思政课的学习是非常有必要的，思政课教职人员起着非常重要的作用，其需要积极承担自身的责任，积极发挥教师的主观能动性，引导学生去开阔眼界，积极去改革创造。思政课教师需要通过授课，给学生灌输一种真善美的正向思想，使其能够朝着正确的道路前进。

要把思想政治课的教师团队建设作为一项重要内容纳入人才队伍发展战略中。积极推广和实行“高校思政课教师队伍后备人才培养专项支持计划”，对于马克思主义理论学科，要积极地扩大硕士和博士研究生的招生规模，着力提高招生质量，提升培养水平，在高校设立专门的思想政治教育相关课程的创新及研发中心，丰富研究成果并将其推广应用在高素质思想政治理论课教师团队建设当中，从整体上来提高教师团队的素质水平，积极探索和创造新的教学模式，使用新方法，以此来提高思政课的教学质量，打造思想政治理论课教师的人格魅力，完善思想政治理论课教师队伍的考核制度。为此，需要着重培育“高校名师工作室”，以点带面，促进学生全面发展。

第一，明确思想政治理论课名师工作室的设立宗旨。作为在学校党委领导、党委宣传部指导下，以教师个人姓名命名的非行政工作机构，思想政治理论课名师工作室打破思政教学的单一性，是一个将教学科研、学生服务融为一体的相关教师合作共同体。建立工作室旨在培养一批有影响力的思政教师，进一步提升队伍的整体素质；推动改革创新；发挥示范辐射作用，进一步提升学校思想政治工作的水平。思想政治理论课名师工作室主持人必须政治立场坚定，热爱大学生思想政治教育工作，师德高尚、乐于奉献，而且在实践中拥有较强的团队协作能力、工作组织开展能力，教学特色鲜明，教学效果显著，在大学生思想政治教育、校园危机事件应对等方面具备相应的理论研究基础和实际工作经验。

第二，履行思想政治理论课名师工作室的工作职责。主要包括：其一，组建专业团队。在主持人的带领下，形成一支由中青年骨干教师构成的建设团队，围绕目标，制订计划，开展相应理论实践工作。其二，开展课题研究。发挥工作室成员集体智慧，推出高质量的研究成果。其三，推广工作经验，完成相应理论和实践工作任务。及时总结教育教学经验并通过观摩、研讨会、巡讲等形式加以推广宣传，展示教学成果，开展对外教育教学交流活动。其四，服务大学生发展。适当吸纳大学生参与工作室项目建设、主持人及成员的课题研究，发挥工作室自身特色和资源优势，面向大学生群体开展思想政治教育活动，引导大学生成为具有“红船精神”品质的新时代青年。

第三，发挥思想政治理论课名师工作室的模范带头作用。思想政治理论课名师工作室的建立是贯彻落实习近平总书记的有关重要批示和中央《关于进一步加强和改进新形势下高校宣传思想工作的意见》精神的集中体现，对于实现加强高校思想政治理论课教师队伍建设、更好地发挥思想政治理论课的主渠道作用意义深远。政策制度的大力支持、骨干教师的丰富经验、团队合作的集体智慧，以及思想政治理论课名师工作室的成立要求和资质，使得名师工作室在高校思想政治理论课教学和建设过程中发挥着重要的先锋模范作用。在实践教学中，要善于利用这些优势，加大宣传力度，让更多的教师去学习和领会优秀教学经验，让大学生在名师课堂中培养思想政治教育学习兴趣，并且通过工作室、教师与学生之间的交流互动，体现工作室价值，完善工作室运行。

(二) 辅导员队伍建设

辅导员是大学生思想政治教育活动的核心人员，同时也是思想政治教育活动的组织管理者，是进行大学生网络思想行为引导的重要力量。辅导员需要明确自身的定位，把自己定位成大学生的朋友，而不是师生关系，这样有助于更好地和大学生进行互动交流。高等院校要始终坚持立德树人的核心环节，重视辅导员队伍建设工作，以此来提高辅导员人才队伍的教育和管理水平，确保辅导员能够充分发挥其重要作用。

第一，要加强对辅导员队伍建设重要性的认识，明确辅导员资格认证和岗位职责。根据教育部的要求，要合理控制辅导员与大学生的比例，并将其落到实处。在选拔辅导员之前，应根据学校长远规划、学校结构组成和规模，思想政治教育工作的发展方向，来制定辅导员队伍的总人数和素质水平。明确辅导员的资格认证，严格把关。对辅导员岗位职责进行明确分工，辅导员岗位职责不明确、分工模糊等问题的存在严重影响了辅导员专业化能力发展的进程。所以，应明确辅导员岗位职责，规范辅导员队伍建设，对辅导员各方面的工作进行细化，并做出明确的要求和考核制度。提高辅导员的工作针对性和效率，职能高度集中，有利于确保大学生工作统一，减少矛盾和重复工作，促进大学生工作有序和高效地开展。针对大学生开展政治辅导员专业课程也极为必要，无论是在辅导员理论知识素养，还是在辅导员工作具体实践上，都提供了良好的发展条件，提高了大学生思想政治教育的有效性。

第二，要注重辅导员队伍人员的能力建设。高校辅导员应当具有良好的政治素质和理想信念，全面贯彻落实党中央的指导方针政策，以此来提高政治敏感度和辨别能力；现在，多数高校对辅导员学历要求进一步提高，需要本科或硕士以上的学历，对于大学生思想政治教育事业充满热情，不怕困难，敢于奉献，在自己的岗位上发光发热，给大学生指明人生道路的方向；要有强烈的责任感，做事认真负责，不懈怠；需要有一定的思想政治教育经验和知识基础，能够较为熟练地掌握和运用思想政治教育工作的基本原理和知识，做到举一反三；具有一定的法律常识；具备较强的语言表达能力、调查研究能力；具有开展思想政治教育工作的引领能力。

第三，要进一步强化辅导员队伍的统筹保障。高校需要有针对性地制定有效管理措施和保障制度，确保辅导员的工作能够落到实处。高等院校需要依据自身发展的实际情况，依据专任教师职务岗位结构来对辅导员职务岗位进行合理设置，对于专职的辅导员可以按照教师职务来确定符合职务的具体要求，也就是依照聘请思政学科教师或者是其他专业技术专业职务的标准来具体执行；专职辅导员技术职务在聘请相关人员的过程中，需要重点评估实际工作业绩和人才培养教育实际效果，专门设定计划、标准和评审来对其进行综合考量之后再进行人员的确定。在这个过程中，可以把优秀文化成果纳入辅导员的科研成果统计评估范围之内。高等院校可以聘任委员会来专门负责专职辅导员和专业技术职务人员的聘任工作。

聘任委员会通常是由学校党委负责人、学生工作、组织人事等相关人员构成的。高等院校需要明确制定详细的辅导员管理岗位聘任方法，依据辅导员工作经验和实际工作情况来具体安排职位。辅导员培训需要融入高等院校师资和干部建设规划当中，制定激励政策来引导辅导员发挥主观能动性，不断提高自我水平，进行科研工作，同时也要做好本职工作，为辅导员专业水平的提升创造良好的条件。依据工作特征来有针对性地制定保障政策，确保辅导员能够顺利开展工作。

（三）网络技术队伍建设

当前，网络信息技术迅速普及，各类应用持续创新，网络安全和意识形态安全形势也更为严峻。在这样的背景下，如何让更多专业人士走上维护高校网络安全、引导大学生网络思想行为之路是“互联网 +”热潮下，整个社会需要思考的问题。

第一，要改革高校网络技术人才评价机制，完善符合基层实际的评价标准。坚持德才兼备，突出以品德、能力、业绩和贡献为主的评价导向，建立体现高校网络技术人才工作实际和特点的评价标准。克服唯学历、唯论文等倾向，提高履行岗位职责的实践能力、工作业绩、工作年限等评价权重。对论文、科研等不做硬性要求，可用能够体现专业技术工作业绩和水平的工作总结、教案、病历、技术推广总结、工程项目方案、专利成果等替代。创新评价机制。改进职称评价方式，建立以同行评价为基础的评价机制，灵活采用考试、评审、考评结合、考核认定等不同评价方式，严格规范评价程序，加强评价全过程监督，提高评价质量和公信力。有条件的地区可试行高校网络技术人才申报高级职称单独分组、单独评审、单独确定通过率。依托公共人才服务机构、行业协会等，畅通专业技术人才职称申报渠道，探索有针对性的评价办法。完善和落实职称倾斜政策。全面推开专业技术人才职称制度改革，保证有关倾斜政策规定落实到位。结合工程技术、农业技术、科学研究等专业技术领域职称制度改革，研究制定对高校网络技术人才倾斜支持政策。鼓励各地、各部门结合实际情况，探索建立“定向评价、定向使用”的基层高级专业技术职称评审管理制度，完善岗位聘用、工资待遇、离开基层后资格转评确认等具体管理办法。

第二，高校网络技术人员要在国家法律法规许可范围内收集大学生数据。随着在线教学形式的发展，“慕课”“微课”等新兴教学模式流行开来，这些教学模式的共同特点在于都具备极高的教学效率。通过这些教学形式，对于大学生在线学习的各项行为数据和相关指标的设定更为全面合理。加强大数据技术的发展，使数据收集更加智能化，在收集学生的数据时，必须把数据保密和安全作为重中之重，注重采集方式和采集内容的合理性、合法性。要始终严格贯彻落实安全宗旨，对于数据的收集、保存期限和公开化都要进行严格的把关，制定明确的规范制度。同时，保障学生权益，充分尊重大学生，让大学生知道自己数据的用途，知晓自己数据的真实性和准确性。

第三，实时分析大学生关注热点，动态调节课程内容。大数据技术的实践应用为高校更好地掌握学生的思想动态提供了便利与可能。高校工作者通过大数据的收集、分析与整理，可以及时掌握学生在网络上的浏览热点与相关趋势，对于大学生关注度较高或者争议较大的网络热点问题进行大数据分析整理，教师在日常获取大学生的这些数据之后，结合教学实践与学生教学工作实际，通过大数据的预测及导向功能，在教学过程中将书本上的知识理论贯穿热点问题的解答，在帮助学生答疑解惑的过程中，加深其对课程和理论知识的认识和理解，而且能够提升学生对课程的兴趣，增进师生之间的沟通与交流。

(四) 网络舆情队伍建设

舆情工作是宣传思想工作的重要组成部分，舆情队伍也是宣传思想战线的重要力量。高校要不断强化党中央对宣传工作的重要指导作用，树立鲜明的党中央领导旗帜，强化党中央管理意识形态。在党中央政治建设的总规划指导下，坚持“四个意识”，积极拥护中国共产党的绝对集中领导，明确党中央的政治方向。积极开展作风建设，纠正不良作风。需要积极去宣传中心思想，党员干部也要从自我做起，以此来不断掌握新知识，学习新技能，积极探索中国特色社会主义的可行性发展模式，学会使用长远的、发展的眼光看问题，进一步增强详细的调查分析能力，做好新的发展态势下的思想传输工作。从各个方面来构建强大的工作队伍，以此来推动国家的发展和社会的进步。

第一，舆论舆情队伍要积极践行革命任务，主要包括举旗帜、聚民心、育新人、兴文化以及展形象。其中，举旗帜的主要作用就是要始终坚持马克思主义、中国特色社会主义，促进工作进一步开展，在解决问题上一定要落到实处，不能模棱两可。所谓的聚民心，主要是指国家要把握住舆论的正确方向，以此来对人民进行正确的引导，积极弘扬社会主义精神，弘扬正能量，鼓舞国民士气，形成强大的民族凝聚力，高唱主旋律，振奋精神，朝着中华民族伟大复兴的中国梦前进。所谓的育新人，就是要积极去培养社会主义中流砥柱的接班人，做到立德树人，积极培养思想觉悟高、道德水平高、文明素养高的新时代社会主义接班人。所谓的兴文化，是指要坚定不移地走中国特色社会主义道路，实现中华民族文化的繁荣发展，延续革命文化精神，增强我国的文化软实力。所谓的展形象，就是要向国际社会来传播我国正向的、积极的良好形象，提高我国对国际社会的影响力，确保我国能够拥有绝对的话语权。

第二，要加强网络文化工作队伍建设，发挥团队力量。加强高校网络文化建设，首先要积极掌握主动权。高校各级各类网络平台是高校网络文化建设工作中的主要载体，通过建设特色突出的高校门户网站、主题教育网站、微博、微信、移动客户端平台，积极把握网络思想政治教育的主动权。其次，创新高校网络文化优秀作品产生和传播机制，牢牢把握思想政治教育的主导权。在网络上形成积极、正面的舆论氛围，在高校中营造出积极、健康的网络文化氛围。① 最后，加强高校网络文化传播话语方式的创新与研究。对于高校网络文化传播中的话语加工转化过程中的难题，在充分遵守网络

① 冯刚．新形势下推动高校网络文化建设的思考与实践 [J]. 思想教育研究，2015(8)．

文化传播规律的基础上，密切结合大学生文化及心理发展特点，通过采用大学生容易接受的方式，对他们关心的热点和难点问题予以解答，并进一步增强网络文章的编辑能力和推送水平。

第三，要创新引导方式，促进舆情信息处理。新时代新媒体新技术发展更为迅猛，在这种网络环境下，高校要积极改变和创新原来单一引导的网络舆情处理方法，通过全新的引导方式，构建完善的舆情信息处理层。从“网评语言”“意见领袖”“权威发布”三个层面展开。在“网评语言”上，引导者们要及时了解和掌握大学生网络语言的使用习惯，通过这些口头语的运用对学生进行回复，与学生展开交流，引导大学生掌握正确信息；“意见领袖”通过发出自己的声音，对普通大学生的思想进行引导，帮助其思想行为朝正确方向发展；在“权威发布”上，通过主动发布相关权威信息，采取多种渠道和方式倾听大学生的意见，扩展与大学生交流的深度与广度，迅速及时地帮助和引导大学生。

三、机制建设

高校网络思想政治教育运行机制的不断发展与创新是历史发展的必然。大学生网络思想政治教育的工作机制要坚持将教育与管理相结合，以校党委为领导核心，贯彻落实党委领导下的校长负责制、岗位责任制、大学生网络思想政治教育督导机制，全方位完善大学生网络思想政治教育的工作机制。将先进的教育理念充分运用到教育实践当中，从全局考虑建立长效工作机制，以网络文化为依托，提高大学生网络思想政治教育工作效率，推进高校德育工作健康、有序、协调发展。高校要大力开展大学生网络思想政治教育，在创新中促进网络环境下高校思想政治工作的顺利展开，充分发挥互联网时代高校思想政治教育工作机制的功能。

（一）高校网络思想政治教育工作机制概述

随着互联网的不断发展和普及，高校网络思想政治教育越来越受到教育相关部门的重视。网络在推动高校教育以及社会生产力的同时，也相应地产生了许多现实问题，教师需要对大学生的网络行为进行积极引导，将网络的消极影响加以规避并且充分发挥网络优势，主动利用互联网促进高校德育工作的开展。作为高校德育工作的新兴领域，网络思想政治教育除了对教师和大学生提出更高的要求外，在理论研究方面也需要进一步细化和完善，将相关概念进行明确界定，这样才能保证理论有效指导实践。

1. 机制的基本含义

“机制”一词最早源于希腊文，原意是指机器的构造和工作原理，机器运转过程中的各个零件之间的相互联系、相互制约及其运转方式。[①] 如今，“机制”一词已被广泛地应用于经济学、伦理学、管理学、文化学、政治学等领域。在一般意义上，“机制”这个术语是指复杂系统结构各个组成部分相互联系、相互制约、相互作用的联结方式，以及通过它们之间的有序作用而完成整体目标，实现其整体功能的运行方式。“机制”的概念可分为自然机制和社会机制。自然机制是指纯粹意义上的自然过程的机制，没有精神、意识因素的参与。因此，自然机制主要局限于系统内部结构各个组成部分相互联系、相互作用、相互制约的联结方式及实现整体功能的运行方式。社会机制是指在社会实践过程中，社会系统内部主体与客体之间、主体之间、客体之间相互联系、相互制约、相互作用的联结方式，以及实现整体目标和整体功能的运行方式。[②] 高校思想政治教育着力做大学生的思想工作，不仅受诸多复杂的认识、意志、情感、欲望、精神、意识等因素影响，同时还要受社会生产力水平、生产关系性质等的制约。因此，高校思想政治教育机制属于社会机制，是表现着社会中形形色色的人与人之间的联结方式。高校思想政治教育机制是指在高校思想政治教育系统内部诸要素之间互相关联、

① 张耀灿，陈万柏 . 社会主义市场经济条件下思想政治教育领导研究 [M]. 武汉：华中师范大学出版社，1998：131.

② 李明华 . 精神文明建设机制论 [M]. 广州：广州出版社，1997：2.

互相作用、互相影响、互相制约的基础上形成和发展起来的工作运行体制、系统管理规范和工作运行方式等。从更加细致的角度来说，高校思想政治教育机制是思想政治教育部门及其人员在一定决策机构指挥下，在一定目标指引下，在一定动力驱逐下，在一定体制、条件保障下，共同协调，实现思想政治教育整体目标和整体功能的工作程序与工作方式。

2. 高校网络思想政治教育机制的基本含义

高校网络思想政治教育机制的内涵有狭义与广义之分。狭义的高校网络思想政治教育机制主要是指通过教师的积极引导以及高校和教育部门制定相关规章制度，从而有效规范大学生的网络行为，提高网络安全意识、诚信意识以及甄选信息的能力，使其积极配合高校德育工作。广义的高校网络思想政治教育机制除了包括上述概念外，还涵盖了教师以及高校利用网络对传统的思想政治教育内容进行推广，属于网络教育和远程教育范畴。要理解和把握网络环境下高校思想政治教育机制的内涵，我们需要明确以下几个方面：

（1）高校网络思想政治教育机制是实践检验过的制度化的工作方法。“实践是检验真理的唯一标准。”同理，任何一个具有科学性、合理性的理念要想得到大家真正的认可与肯定，就只有真正地经过实践的检验，让实践来证明和诠释它的科学性和合理性。在科学发展观的指导下，高校网络思想政治教育工作者根据党的路线方针政策以及学校的实际情况，对学生的网络行为、思想道德修养以及人生观、世界观、价值观实现创新管理，不断积累网络思想政治教育工作实践经验，改进工作方法，积极提高教育工作者的素质，最终形成网络环境下稳定的德育工作体系，并且将其制度化，使网络思想政治教育的效率和质量都从本质上得以提升。高校网络思想政治教育机制始终应当与教育教学实践相结合，坚持以学生为本，从德育工作的现实问题出发，不断完善各项规章制度，调整管理以及教育人员构成，最大限度地优化配置教育资源。

（2）高校网络思想政治教育机制的构建需要全员参与。任何已经形成的机构与制度不能随意根据个人的主观意愿而改变，任何决策的制定都需要建立在一定的调查研究以及综合分析研究的基础之上。高校网络思想政治教育机制的构建必须依靠集体的力量群策群力。为了避免高校领导者个人意识的局限性，必须广泛听取德育工作一线教师的意见，与学生及时沟通，形成全员参与构建高校网络思想政治教育机制的局面。高校网络思想政治教育机制需要一定的制度保障，所有教育工作者、全体师生必须对这些制度严格遵守，并且需要建立规范化的工作流程及监督机制，找到促进大学生个性化发展与高校网络思想政治教育制度化、规范化建设的最佳平衡点，将二者结合起来，使高校网络思想政治教育机制真正发挥其应有的效用。

（3）高校网络思想政治教育机制始终保持活力需要不断创新的成果。如果当代德育工作中有意义的实践经验只是停留在方法本身，并且固守原有方法和成就，那么便不能从根本上推动高校网络思想政治教育机制的构建和发展。要想促进高校网络思想政治教育机制永葆生机与活力，就必须在其基础上不断地进行分析研究、提炼和总结，形成一套具有自己特色的科学的、合理的制度和体系，将高校网络思想政治教育工作方法理论化、系统化、科学化，并且通过创新推动理论与时俱进，不断更新、不断完善、不断地充实和丰富德育工作内容，有效扩展和拓宽教育路径，实现高校网络思想政治教育发展得更加多元化和多样化。互联网时代，健全完善的德育机制必定是经过实践检验的制度化方法，只有在实践经验基础上运用创新思维整合网络思想政治教育各方资源，先进的思想理念才能真正地有效指导实践，将高校网络思想政治教育机制构建上升到理论高度，在稳定中寻求教育领域的长远发展。

（4）高校网络思想政治教育机制注重系统化特性。机制始终与高校网络思想政治教育的系统化特性紧密相连。“除了把整个网络思想政治教育体系看作完整的系统外，还要对系统内部不同的专业领域或者不同群体之间的问题进行细分，形成具有独立功能并且对某一问题有针对性的子系统。这样在保证网络思想政治教育机制整体性的前提下，各子系统的有效运作能够极大程度上提高工作效率，从根本上解决目前德育工作中的现实问题，从实践中总结有利于实现细分目标的工作方法，完善网络思想政治教育子系统的同时，更令整个德育工作机制呈现出良好的发展势头。”① 特别要建立健全高校网络思想政治教育的管理机制、保障机制以及联动机制，保证将德育工作落到实处，充分利用网络优势，有效规避网络劣势，推动和谐的校园文化建设，使高校网络思想政治教育机制创新在系统化运作过程中突破瓶颈，学校德育工作质量实现本质意义上的提升。

(5) 高校网络思想政治教育机制在建设与管理并重中运行。高校网络思想政治教育工作必须坚持建设与管理并重。高校网络思想政治教育机制的建构不仅需要有现代化的校园网络、高素质的教师团队，还需要有一种先进的教育教学理念作为支撑，同时还要充分依靠和发挥领导者的管理才能，真正地实现各方面资源的优化配置，真正地实现校园网络文化建设沿着社会主义先进文化的方向发展，并且通过大力宣传科学理论，注重鼓励积极创新，大力弘扬爱国主义精神，继承中

① 杨晓玲，曹飞，刘慧卿．当代网络思想政治教育理论研究与实践创新 [M]. 北京：现代教育出版社，2012：222.

国传统文化，教师引导学生形成全球化观点，营造一种积极向上的校园网络思想政治教育氛围。高校网络思想政治教育机制必须坚持一手抓建设，一手抓管理，而且两手都要硬，以推动社会主义精神文明与物质文明的和谐发展，大力促进我国教育改革的理论创新与实践工作。

总的来讲，高校网络思想政治教育机制是互联网时代制度化、系统化的现代德育工作方法。“为了实现大学生全面发展的总体目标，遵循国家相关法律法规，全体网络思想政治教育工作者以科学发展观为指导，对在校大学生加强思想引导，针对网络在大学生群体中引发的各种问题采取行之有效的解决方法。有效规范大学生的网络行为，维护网络安全，充分利用网络开展大学生思想政治教育课程，从思想深处坚定大学生的社会主义信念，形成正确的人生观、世界观、价值观，逐步加强网络思想政治教育队伍建设，在创新中寻求发展，积极主动地采取各种措施来完善大学生网络思想政治教育体制，培养出德、智、体全面发展的综合型人才，为社会主义现代化建设提供高素质的人力资源和创新理念支持。”①

① 杨晓玲，曹飞，刘慧卿．当代网络思想政治教育理论研究与实践创新 [M]. 北京：现代教育出版社，2012：223.

（二）网络产品生产机制建设

当前，全媒体时代的网络内容治理和网络产品生产面临着巨大的挑战，网络内容生产与分发的专业化、多元化、技术化、智能化带来海量信息流，给网络内容治理带来前所未有的困难与挑战。根据中国互联网络信息中心（CNNIC）在北京发布第44次《中国互联网络发展状况统计报告》统计，截至2019年6月，我国网民规模达8.54亿，互联网普及率达61.2%；网络购物用户规模达6.39亿，占网民整体的74.8%；网络视频用户规模达7.59亿，占网民整体的88.8%；在线教育用户规模达2.32亿，占网民整体的27.2%；在线政务服务用户规模达5.09亿，占网民整体的59.6%。网络平台的丰富、多元、分散给内容生产者提供了广阔的空间，从PGC（专业生产内容）、UGC（用户生产内容）到OGC（职业生产内容）、CGC（社群生产内容），再到MCN（多频道网络），网络内容生产与分发变得更加多元、专业和智能，带来了更加丰富、多样、生动、感性的网络信息，同时也带来大量无效信息、重复信息，甚至有害信息。一些内容生产者为了博眼球、上热搜，不择手段地标新立异，毫无底线地迎合受众，甚至制造低俗话题和虚假有害内容，给信息把关人和管理者带来严峻挑战。例如，一些短视频平台上含有色情暴力元素、宣扬纸醉金迷生活方式的作品，经过算法推荐技术进行大量分发后，吸引数万粉丝，造成错误的价值导向。尽管有关部门对违规主播和视频实行禁播处理，对违规内容实行禁止转发等管理措施，这些情况但仍然禁而不止。一些网络平台在内容分发上奉行技术中心主义，带来“信息茧房”、观念窄化等严重问题，也给内容治理带来技术挑战。

高校要构建生产端的网络内容规则体系。所谓的生产端网络内容，主要指代的是生产者与网络平台运营者。

网络空间内容生态的维护与治理不能只从终端开始，应从生产源头把控内容质量，防止一开始就被污染。把控质量需要建立标准和规则，否则质量好坏没有依据。无论是对PGC、UGC，还是对OGC、CGC、MCN，都需要根据这些机构的特点建立针对性强、可操作、易执行的规则和标准体系，以指引其内容生产过程。对传播环节的网络平台运营者来说，需要压实平台的企业主体责任，应针对不同的网络平台制定实用对路的规则和标准，把平台的责任具体化、数据化、实时化，切实让平台主动承担起内容治理的社会责任。要从以下几个方面加强网络产品生产，加强全媒体时代网络内容治理：

（1）物质文化铸基础。校园网物质文化要从软件、硬件多方位着手，打造过硬的物质文化基础。在增强硬件设施建设的基础上，通过数字化形式的运用，充分体现校园物质文化相关理念。首先，对于硬件设施的建设必须秉持可持续发展理念，在对校园实际充分掌握和把控的基础上，对硬件资源进行合理、有效的开发利用，避免不必要的支出与资源的浪费。针对校园网络的建设，要充分将校园的物质文化展现出来，如在校园网上更多地添加相关视频和图片等，让大学生和教师在网络上能充分感受到校园的美好与发展，增强对校园的亲切感，同时让外界更多地感受到校园文化特色。数字视频、虚拟图书馆、数字实验室等资源的开发与利用也能更好地让现实物质文化融入校园网站，使广大师生们在网络上更好地展开学习与交流。

（2）精神文化是灵魂。精神文化的全面建设与发展是校园网文化生态稳定良好运行发展的重要方面。在校园网站中，更多地开展诸如民主法治教育、优秀传统文化教育、红色革命文化教育等形式多样的精神文明教育；开展如百科常识、名著导读等知识普及教育课程和实践活动，强化大学生的知识广度与深度；多开展网上活动，给予大学生充分的展示空间，在一定的引导之下，大胆放手，让大学生在这种自由的学习空间中展示不同的个性；同时可以将部分管理权限交到学生手中，学生在学习钻研的过程中，维护网络空间的发展建设，既能够提高学生的信息技术水平，更为重要的是能够让学生拥有主人翁意识，增强学生的责任感与集体意识，使学生的文化水平和思想素质在这一过程中实现重要发展与提升。在学生和教师之间搭建一个顺畅交流的平台，为教师专业化发展提供条件，调动广大教师的工作学习积极性，构建和谐的网络环境氛围。

（3）制度文化做保障。完善的校园网制度文化是校园文化发展过程中必不可少的，充分实现各种文化合力作用的全面发挥。对此，可以通过各种手段加强校园网络制度文化的建设。建立相关可行教学制度、教务管理系统、测评制度等。建设完善人事保障制度，积极展示教师各项风采的同时，加强教师队伍的管理，促进教师队伍的成长，展示强大的师资队伍。加强政务制度公开与联系，各部门在相互监督、相互学习中共同成长、共同进步，发现问题并且更好地解决问题。针对作为教学主体的学生，建立和完善学生管理制度，如心理辅导、明确的奖罚制度等，发挥校园网络的信息传播优势，将校园网上的制度更好地传播给学生，学生一方面通过校园网学习并感受校园物质精神文化；另一方面，在潜移默化中接受制度教育，在激励学生的同时，更好地规范引导学生，让学生更好地遵守各项规章纪律，养成良好的生活和学习习惯。

（三）管理服务机制建设

目前，网络管理服务机制建设主要聚焦在以下几个方面：一是坚持技术与法治并重，对网络内容治理与监管的相关法律规定进行系统梳理，制定科学有效的制度规范和技术流程，并对法律法规中滞后于网络发展的内容进行修改、完善和补充，为网络内容治理提供科学化、系统化、规范化、标准化制度设计，以此来确保网络管理能够按照一定的标准来执行。二是需要构建网络治理的管理和协作机制，从管理体系、运行机制、保障机制、追责机制、技术支撑等方面建立一套系统完善的网络内容治理指令执行体系，健全跨部门、跨层级、跨地域、跨系统、跨业务的网络内容治理要进行严格分工，确保政府能够发挥其重要的引导作用，确保网络内容建设工作能够顺利运转。三是诉诸技术手段，实现科学监管、技术治理，保持技术敏感性，跟进新技术发展，转变监管方式，将机器学习与人工审核相结合，由主管部门牵头制定网络内容“红线”标准，确立网络内容治理的基调和价值主张，通过人工智能等技术手段对“信源”实现智能识别与筛选、抓取采集、过滤清理，一旦有新的“红线”信息被识别标记，将其关键词纳入后台“负面语料库”，实现全网共享、交叉识别与自动处理，从而达到简化行政流程、提高治理效率的效果。以上这几个机制为高校加强网络管理服务机制建设提供了基本遵循。

(1) 要与时俱进做好“依法立法”工作。所谓依法立法，是指高校在制定校园网相关规章制度时，必须依照法律法规的要求，让自身校园网规章制度有理可循。根据目前的情况来看，有一部分高校在校园网规章制度中较少提及相关上位法律法规。对此，在国家相关部门还未正式出台校园网建设相关法律法规的条件下，各高校要良好稳定地做好校园网络的建设与维持运行，可在章程制定的过程中，依据《高等教育法》相关规定，设立明确的章程，送报教育行政部门进行备案登记，使其具有相应的法律效力，在章程指导下，展开校园网络的管理；同时，划定明确的校园网络管理职能，并将其赋予学校各管理部门中，明确权责，通过各部门的相关职能与权力，分层次、有目的地对校园网络进行多方管理，依据这些部门的相关上位法律法规对校园网络规章制度进行发展与完善。

(2) 要将提升技术与发挥人的作用相结合。信息中心要增强自身的技术力量，使用者要培养良好的上网习惯，必须着力提高使用者的个人素质。网络是良好信息的传播者与分享者，不能成为违法犯罪活动的滋生之所。为此，高校在提升网络信息技术的同时，也要增强对学生网络素养的培育与提升，并且完善相关规章制度，强化学校的管理约束能力，统一规划，逐层深入，加强和整合学校各部门之间的相互配合和合力，让每一个学校工作者都成为校园网络使用的监督者。与此同时，辅导员作为与学生联系最为紧密的群体，要着力加强其网络管理职责以及网络技能培训。让辅导员在线上和线下都能充分有效地关心学生、帮助学生、管理学生，对于出现的相关问题及时预测并积极解决。

（3）要建立“引导—自觉”模式。主动参与、深刻自律，积极实践、引导为辅。在这个过程中，学生会作为学生自发组织管理、学校支持发展的学生组织，可充分利用其作用加强校园网的管理。同时也可以支持建立专门的学生网络监督组织，对校园网的环境和使用进行相关监督，净化校园网使用环境。对于校园网的管理者，“主动作为”“监控作为”的密切配合必不可少，高校校园网管理者在校园网的建设管理过程中，要加强阵地意识，建立阵地，应对阵地危机，将网络信息技术充分运用于思想政治教育过程中去，积极引导正确的网络舆情导向，创建和维持积极向上、健康有序的校园网络文化氛围，在良好氛围的支撑下，增强校园的凝聚力和向心力，同时在此基础上，让广大师生在便利网络条件的支持下，增强政治意识，提高政治的鉴别力，形成自觉抵制网络错误思想的能力。

（四）网络监管机制建设

校园网络监管机制是高校网络意识形态安全和构建健康舆论舆情的重要保障。良好的网络监管机制能够为大学生学习科研和健康成长成才提供有力支持。为此，要着重构建三个层面的网络监管。

（1）意识形态安全的网络监管运行机制。运用网络技术对校园网络区域内的言论、活动进行监控，对网络传播的错误思想、极端言论、敌对思想等及时了解和把控，根据思想与传播面的性质严重程度，分别设置不同层级的信息预警，建立“收集—分析—上报—处置”的网络意识形态监管工作机制，从而保障网络意识形态安全。

（2）校园管理服务的监控。校园治理是社会治理的有机构成部分，是保障师生教育教学有序开展的重要保障。高校师生的需求是多样的，包括校园在线资源、思想文化、休闲娱乐、优质服务等，在高校供给不足和服务质量不高时，大学生的正当诉求往往在网络空间呈现出来。对此，需要建立面向校园管理服务质量的反馈机制。

（3）大学生网络活动与言论的监控。①完善网络社团监控机制。在登记备案与广泛调研的基础上，高校要对这些社团进行备案登记，适当管理。同时，对于大学生网络社团内部，各项管理制度的完善与加强不容忽视，社团管理者要重视对社团会员的实名身份登记认证。除此之外，按照 IP 地址的管理方式来进行管理，利用数据库和逐级责任制来确保管理安全。②加强对网络不健康言论的监控，及时做好正面舆论引导。大学生网络日常管理人员要时刻关注社团发展动态变化情况，如果出现不健康的信息，那么就要及时进行处理，同时对问题出现的原因进行深入调查，避免再次出现同样的错误。以此来强化对这些问题群体进行正确引导和教育，确保大学生网络活动能够顺利开展，从而保障大学生网络社团充满正能量。

（五）网络反馈机制建设

校园网络反馈机制是对大学生网络思想行为状况的反馈，是对大学生线上、线下的教育教学、管理服务、发展需求等方面诉求和需求信息的收集和处置机制。当前，90 后、00 后的新一代青年人热衷网络交往和网络生活，对校园的各类问题倾向网络空间的表达和呈现。为此，需要建立“问题—分析—处置”的网络信息反馈机制。

（1）校园网络意识形态安全反馈信息机制。及时针对监控发现的信息与相关部门相互沟通，第一时间确认和调研、分析问题的相关人员，及时制定出改进措施，把问题消除在萌芽状态和前端。

（2）建立高校网络反馈预警机制。构建校内“发现问题—预警标识—部门协同—负责落实”的反馈预警模式，为了准确、及时地掌握和应对各类校园突发事件，防范不良苗头和突发舆论快速扩散和演化，造成恐慌和失序，需要建立校园安全的预警机制，对特殊学生个体、聚焦事件、持续未能解决的问题等进行重点预警和及时反馈，维护校园网络空间安全和良好的舆论氛围。

（3）建立高校网络反馈处置机制。这些机制包括高校舆情的组织领导机制、干预引导机制、教育引导机制、队伍保障机制、信息收集机制和数据分析机制等，能够运用网络及时了解和把握学生思想需求和网络行为态势，实现校园网络信息及时反馈和有序保障。

（六）网络联动机制建设

2016年12月7—8日，全国高校思想政治工作会议上，习近平总书记明确表示，新时期的中国需要更加重视思想政治工作，把此工作贯穿到教育活动的整个过程中，培养符合社会要求的全方位综合人才。[①]

① 人民日报：《习近平在全国高校思想政治工作会议上强调：把思想政治工作贯穿教育教学全过程 开创我国高等教育事业发展新局面》，2016年12月09日。人民网：http://dangjian.people.com.cn/n1/2016/1209/c117092-28936962.html。

1. 线上、线下联动机制建设

互联网的合作性、交互性、平等性为线上、线下联动协同育人提供了便利与契机。应融合育才造士之力，构建“协同参与”的网络育人机制，树立“大思政”理念，联合打造网络育人“共同体”，在协力参与中统筹资源，在跨界交互中融合创新，在百花齐放中汇聚正能量。融通合作共赢之道，打造“协调共振”的网络育人平台，借鉴企业协同办公平台的思维模式，打造齐抓共管、分工协作的平台，促使各育人主体目标一致、信息共享、协调共振。融入平等交互之境，形成“协商对话”的网络话语体系，教育者应“升级”自身素质、转变话语体系，巧妙借力直播、慕课等新媒体技术，主动参与到师生平等交流、协商对话、及时互动的育人体系中，以润物无声、春风化雨的方式，潜移默化地实现立德树人，促进教学相长。落实到具体工作中，主要体现在以下几个方面：

(1) 要构建校园线上、线下协同机制。网络是信息流动的管道，是人们开展社会交往、学习研究、教育教学和信息生产等活动的公共平台。在网络信息时代，高校要实现立德树人的根本任务，不能局限于传统的“一本书、一支粉笔、一堂课”的陈旧教育模式，课堂教学已经成为以课堂为核心的开放式信息交互平台，教师知识垄断和先验权威在知识普及和信息交流中日渐式微，而是要转化为新思想、新机制塑造引领者和辅助者。正是从这个层面上，高校思想政治教育的网络育人需要构建线上、线下的联动育人机制。

（2）要大力创新线上、线下协同的育人机制。一是课堂教学与网络学习资源的协同。根据课程学习进展，大力实施在线网络课程教育，以嵌入式方法提升思想理论学习成效，提升大学生的学习兴趣和活力。二是育人方式的线上、线下协同。充分发挥网络技术优势，创设微信、微博、QQ 群等，第一时间了解大学生的需求和思想动态，及时做出线下的问题处置和教育引导。三是通过大学生社团活动与网络文化工作室联盟，形成网络育人协同格局。通过整合校院各类社员线下活动与创建微信公众号、微博等新媒体平台相结合，成立大学生网络文化工作室联盟，不断完善思想政治教育工作模式，积极进行创新，设置良好的评估和考核制度，加强新媒体平台互联互通，形成网络文化强势及团队育人优势，扩大网络阵地的育人覆盖面。在网络文化产品创作方向上，充分发动大学生参与，激活大学生联盟达成高度共识，实施社会主义核心价值观的教育引导。在机制保障上，联盟为大学生团队给予物资、资金、平台等各项支持；在队伍建设过程中，重点就是对人才的培养，提高整体的知识和技能水平；从技术角度来分析，可以高效合理地利用新媒体平台来分析师生的特点和偏好，在此基础上来推送一些与大学生兴趣爱好相匹配的精选文章，为其文化创作增加养分。

2. 校内与校外网络联动机制建设

应对“互联网 +”的新形势，应结合广大师生的实际需求，加强校园网与社会网络联动机制建设，用好信息技术，嵌入网络生活微空间，充分发挥信息技术的作用，立足师生学习、工作、生活需求，构建校园网“一站式”服务模式，提供个性化服务产品，建立师生课内与课外、校内和校外的立体化、跨时空、零距离的网络育人空间，将网络育人嵌入师生的方方面面。要挖掘社会网络文化资源，开拓新渠道，通过深入挖掘中华优秀传统文化、学校历史、感人故事、文化艺术活动等传统思想教育资源的内涵，利用信息技术将其转换开发为微电影、卡通动漫、视频等网络文化产品，丰富师生的网络精神家园。要优化活动载体，构筑线上、线下同心圆，充分利用抖音、快手、微信公众号等平台开展丰富多彩的网络文化活动，使师生在线上、线下的参与和互动体验中，潜移默化地受到教育、提高觉悟、锻造品质，从而更好地凝聚师生共识，汇聚力量。

校园网与社会网络联动协同是一个调动校内校外各类教育资源开展全面育人的新机制和新范式，需要高校充分利用校外各类资源激活、丰富和提升大学生的学习热情、能力发展和综合素养。

（1）高校网与纵向校外网络资源的联动。在重大主题教育活动、社会热点问题等方面，要充分发挥高校系统、校园网与上下级管理部门的网络协同优势，如“中国大学生在线”网站经常推出全国性网络文化活动，如“中国梦主题”“大学生十大人物评选”“中国网络好公民公益广告”、经典诵读、诗歌比赛、网络公益视频评比等活动，每年都会开展各类主题教育活动，打造百万以上的网络正能量精品产品，弘扬社会主义核心价值观念，以此来激发大学生的主观能动性，提升大学生思想政治教育的质量和效率。

（2）校园网与横向线下社会公益组织、相关政府部门、社区服务等建立协同实践机制，以公益、竞赛等方式激发网络育人活力。高校是社会有机体的重要组成部分，思想政治教育不仅需要课堂内的知识理论学习，更需要包括网络活动在内的社会实践，通过参加社会实践，如参加边远山区支教、慰问社区老人、街头义工等活动，通过图片、视频、音频等方式，以新媒体展现当代大学生的积极风采，对其进行认可，激发大学生的斗志，使其敢于去拼搏和实践，服务人民群众，树立正确的人生理想。

第五章
高校网络思想政治教育的提升路径
——依托“易班”创建网络服务育人新平台

在网络环境下，高校网络思想政治教育工作在平台建设、队伍建设和机制建设等方面应结合网络发展和高校思想政治教育的实际情况，不断创新，做到根据实际问题适当调整，探索新内容，运用新形势，确保做好规范管理工作。本章结合杭州电子科技大学依托“易班”创建网络服务育人新平台的典型经验，研究高校网络思想政治教育的提升路径，用于不断提升思想政治教育的实效。

一、“易班”网络思想政治教育平台概述

(一)易班

“易班”，又名“E-class”，是一个由政府主导，以大学生为主要对象，以网络思想政治教育为目的，围绕教育教学、文化娱乐、生活服务全方位提供互联网应用，服务大学生成

长的网络互动社区类公益性网站。“易班”的创立有着深刻的时代背景。互联网在中国一直处于高速发展状态，自2005年以来，“人人网”等社交类网站的兴起吸引和聚集了大量青年学生，高校普遍认识到互联网对思想政治教育带来的重大冲击和挑战。

上海市教卫工作党委决定建设一个符合大学生需求，同时兼具教育性和安全性的网络阵地。2007年，其委托上海交通大学在“中国大学生在线”网站上开设了一个名为“E-class”的栏目，为在校大学生提供一个基于真实场景的师生网络互动空间。2009年，“E-class”经过全新改造，从单一的留言板转变为集社交（SNS）、论坛（BBS）、班级等功能为一体的综合性社交网站，并正式定名为“易班”。“易班”建设从2007年起步，经历了萌芽阶段、上海发展阶段、全国试点阶段和全国共建阶段。2014年11月，教育部、中共中央网络安全和信息化领导小组办公室在上海召开“‘易班’建设经验推广会暨创新网络思想政治教育工作会议”，教育部“易班”发展中心在上海挂牌，8所高校和省级教育厅与教育部“易班”发展中心签订共建协议。教育部办公厅、国信办秘书局发布的《关于印发“易班”推广行动计划和中国大学生在线引领工程实施方案》(教思政厅函〔2014〕42号) 指出，力争用3年左右的时间，把“易班”建设成为集思想教育、教育教学、生活服务、文化娱乐为一体的全国性大学生网络互动示范社区。

在2015年和2017年，“易班”先后被列入教育部和国信办重点工作，其中对“易班”全国共建提出了明确要求。2015年2月，教育部办公厅下发了《2015年教育信息化工作要点》，对“易班”全国共建提出了明确要求，“实施‘易班’全国推广行动计划，使‘易班’应用覆盖到8个省1/3的部属高校”。《2016年教育信息化工作要点》中要求继续实施“易班”推广行动计划。《2017年教育信息化工作要点》明确提出，要深入实施“易班”推广行动计划，实现各省（自治区、直辖市）全覆盖。

2017年11月，浙江省“易班”发展中心落户杭州电子科技大学，并同时作为首批10所试点高校启动“易班”建设。2019年3月，教育部省级网络思想政治工作中心落户杭州电子科技大学。目前，浙江省高校思想政治工作网络已经开通，主要开辟了“浙里思政”“浙里名师”等板块。

图5-1　教育部省级网络思想政治工作中心落户杭州电子科技大学

(二)“易班”对高校网络思想政治教育的创新探索

1. 平台创新：构建全国性的网络思想政治教育大平台

“易班”旨在建设全国性的网络思想政治大平台，探索构建网络思想政治大格局。目前，全国高校的门户网站、主题网站、学术网站、互动社区、“两微一端”(微博、微信、移动客户端)等校园网络平台逐步发展完善，但都局限于某一所学校，没有形成全国层面的同频共振、共建共享。在国家层面，教育部主导建设的网络平台只有“易班”和“中国大学生在线”，“中国大学生在线”是一个主题教育网站，不是互动型网站，只有“易班”是全国性的思想政治教育类互动网络社区。

其一，“易班”致力于构建思想政治教育的资源整合平台。在资源整合方面，过去的思想政治教育类网站几乎是某一所学校、某一个账号或某一个专题网站单独建设，没有形成跨地区、跨领域的工作合力。即便是同一所学校的教育资源，也分散在不同的网站，散见于不同领域。思想政治教育资源、思想政治工作队伍的力量没有得到有效整合。“易班”致力于全国教育系统的思想政治资源的聚合和共享，努力使高校的各类业务系统、精品课程网站与“易班”互联互通，实现信息化校园建设的资源整合。目前，“易班”对思想政治资源的整合已经雏形初显，朝着在全国范围内形成思想引领合力、重大问题集体发声、掌握高校网络意识形态主动权和领导权的方向而不懈努力。

其二，“易班”正在搭建一个全国性思想政治教育网络大课堂。课堂是现代教育的依托，学生是课堂不可缺少的要素。过去，不少专题思想政治类网站多为单向发布，功能单一，学生分散，缺乏吸引力，影响力有限，学校没有真正形成开展思想政治教育的网络课堂。“易班”具有技术兼容性、功能多样性和互动性，为凝聚用户、积累人气奠定了基础。“易班”的目标是将全国大学生聚集到一个网络平台，通过满足大学生在教育教学资源、生活服务、学生事务管理和校园文化活动方面的刚性需求，构建起班级的、学校层面的、全国性的网络大课堂，为开展网络思想政治教育提供实实在在的平台和抓手。

其三，“易班”提升了思想政治类网站建设投入的效益。过去，各单位分别建设网络社区、论坛和专题思想政治类网站，在经费和人力成本上重复投入，造成资源和经费的浪费，而且一个学校甚至一个省级教育部门的经费难以支撑构建一个类似“易班”的网站。“易班”实现了顶层构架的全国通用性，各学校只需导入师生基础信息，就可以免费使用“易班”的所有功能，避免了技术层面的重复开发和经费的重复投入。各“易班”共建高校的日常经费主要用于网络文化建设和学生日常教育管理，与常规工作紧密结合，大大节省了网络思想政治教育和网络文化活动开展的经费投入。

2. 路径探索：打造遵循规律的专业思想政治教育网站

从建设理念上，“易班”遵循互联网规律和学生成长成才规律。“网络文化建设必须要坚持用户导向，坚持‘内容为王’，坚持正能量是总要求，坚持传得开是硬道理。”①

一是树立互联网思维。互联网思维最重要的是用户至上，强调“以用户为核心”，突出对用户的理解、尊重和满足。成功的互联网企业都把用户放在最重要的位置。过去，思想政治教育工作往往以教育者为中心，给人以居高临下进行说教的感觉，使思想政治教育效果大打折扣。在互联网环境下，“从前所说的‘大众’媒介正演变为个人化的双向交流，信息不再被推给（Push）消费者，相反，人们（或他们的电脑）将所需要的信息‘拉出来’（Pull），并参与到创造信息的活动中”②。互联网思维要求创新工作理念，把教育对象放在中心，提供他们想看、想听的东西。

很多“易班”共建高校启动了“易班”迎新。大学生未进校，先进班。暑假就可以通过“易班”与辅导员交流，了解学校情况、查询宿舍、登记家庭信息、参加学校网络文化活动。

① 冯刚. 新形势下推动高校网络文化建设的思考与实践 [J]. 思想教育研究，2015(8)：3-5.

② [美] 尼古拉・尼葛洛庞帝；胡泳，范海燕译，数字化生存 [M].海口：海南出版社，1996：49.

这里面蕴含着“易班”建设的一个基本理念，那就是“给学生全方位贴心服务”。教育是爱的教育，一个成功的教育者必须想学生所想，才能把关爱落到实处。新生对大学生活充满憧憬，迫不及待地想要了解自己的学校、班级、宿舍、教师和同学，对与校园生活相关的信息都十分关注，“易班”在一个实名制的安全网络环境下，第一时间传播校园生活方方面面的信息，为新生了解学校提供了便利。

杭州电子科技大学于2019年通过“易班”平台打造“一条龙”的迎新系统，新生可以通过“‘易班’新生自助报到系统”，将新生报到由原来的现场排队注册报到变成网上随时随地点击“新生自助报到”，1秒完成报到；通过学工平台完成个人信息填写、乘车区间信息填写、抵校信息填写、军训服装尺寸填写、请假申请、绿色通道申请、生源地贷款申请、新生入学教育等功能，完成97%的新生预注册率。因此，杭州电子科技大学“易班”优课新生入学教育课群入选全国“易班”9月十佳典型案例。

二是遵循互联网传播规律。“互联网作为一个高度开放的传播媒体，打破了传统新闻媒体对舆论的控制和对信息的垄断，使传播过程中的传受双方变得更为自由和平等。”[①] 互联网

① 骆郁廷. 新形势下高校网络思想政治教育长效机制的构建 [J]. 高校理论战线，2008(10)：30-33.

传播的关键是内容为主，讲道理的最好方式是讲故事。网络时代，碎片化的阅读方式要求互联网传播的内容好听、好懂、有趣。古人云，“大道至简”，简则易知，易则易用。学生不需要故作高深的道理和枯燥无味的教条，而是需要多动脑、多动手，善于把深奥的道理讲浅，把复杂的程序化简，使道理一看就知、一听就懂、一用就灵。讲道理不如讲故事，只有把故事讲好了，运用艺术化的手段讲学生爱听的故事，网络思想政治教育才有实效性。依托“易班”平台，各共建高校设计开展了符合网络传播规律、学生接受规律和青年人身心规律的各类校园网络文化活动，创新了网络思想政治教育的方式，有效传播主流价值观。近年来，“易班”每年组织4 000多场线上、线下活动，涵盖全国、省（自治区、直辖市）、校际和校级四个层面。其中有不少是国信办、教育部牵头主办的培育社会主义核心价值观、传递青春正能量、传播中华优秀传统文化的网络活动。目前已经形成了好声音、好电影、好创意和高校网络文化工作室四大校园网络文化品牌活动。

三是遵循大学生成长成才规律。2016年12月7日，在全国高校思想政治工作会议上，习近平总书记发表讲话，首次点评“95后”大学生：“他们朝气蓬勃、好学上进、视野宽广、开放自信，是可爱、可信、可为的一代。”[①] 对当代高校大学生，党和人民充分信任、寄予厚望。青年如旭日之初升，草木之方萌，每个时代的青年都有时代的烙印、自身的特点。当青年大学生求新、求变、求鲜，善于接受新生事物，善于学习新兴技术，善于追求创新创造。大学生是“易班”运营和网站内容的主要创造者，也是网络文化的受教育者。

青年大学生喜欢通过网络开展社交互动。网络成员沟通的交互性给原有思想政治教育方法的机械性、静态性、单向性带来新的冲击。沟通方式的变化使得交流和理解更为容易。每个上网者既可以接受信息，也可以制造信息；既相互沟通，也相互感染。[②] 互动活动是体现社交元素的最佳方式，“易班”为师生互动、网友互动和校内校外互动提供了平台，在技术上紧跟社交平台功能，学生根据自己的喜好，组织各类自己喜欢的“接地气”的互动交流活动，提升校园网络文化的吸引力、凝聚力和感召力。

“易班”为大学生提供了校内实践平台。在校院两级“易班”工作站，大学生通过参与新闻采编、平面设计、软件开

① 人民日报:《习近平在全国高校思想政治工作会议上强调：把思想政治工作贯穿教育教学全过程 开创我国高等教育事业发展新局面》，2016年12月09日。人民网：http://dangjian.people.com.cn/n1/2016/1209/c117092-28936962.html。

② 骆郁廷. 新形势下高校网络思想政治教育长效机制的构建 [J]. 高校理论战线，2008(10)：30-33.

发、网络文化产品研发、平台推广、舆情研判和线上、线下活动组织，根据自己的兴趣爱好和特长加入“易班”参与运维，接受教师布置的工作任务，借助教师和同伴的帮助，利用必要的学习资料，在实践中实现了知识体系的建构与能力素质的提升。学生团队带着工作任务，每天通过“易班”向全校师生传播正能量作品，大学生的思想政治素质、专业实践能力、语言表达能力、组织协调能力、人际沟通能力、开拓创新能力都得到了有效锻炼。大学生通过“易访谈”宣传采访大学生中的榜样和红人；策划“爱心圆梦”推广微公益和志愿服务；围绕社会和校园热点，组织“易话题”讨论，在网络论辩中实现自我教育；通过“易班 App”创意大赛，征集学生校园 App 需求和创意，并组织学生团队进行开发；在“易班”学生工作站，办公室装修、活动组织、客户服务、技术开发、经费使用、评估考核都由大学生自主完成，发挥了大学生的主观能动性，凸显了大学生的主体地位，实现了大学生的自我教育。

“易班”为大学生提供了创新创业平台。例如，依托“校园好声音”打造的“校园原创音乐孵化平台”，鼓励全国高校大学生创作音乐作品，两届下来，已经产生了近千首反映当代大学生的理想追求和审美情趣、体现校园特色、传递正能量的校园原创音乐作品；依托“创新创业大赛”和“CCF 青年大数据大赛”，打造互联网技术青年创新创业孵化平台。

3. 方式创新：以思想引领为主线的三位一体内涵建设理念

网络思想政治教育作为一种区别于传统思想政治教育的全新的思想政治教育形态，是以开放的网络空间为平台的思想政治教育。“吸引是网络思想政治教育产生、存在、发展的根本前提，可以说，没有吸引，就没有网络思想政治教育。”“网络思想政治教育没有吸引力，相当于失语、失声、失众，网络思想政治教育就有可能被边缘化。”①

“易班”以提升吸引力为中心，以服务大学生为切入点，将思想政治教育的目标、元素融入教育教学、校园生活、文化娱乐等全方位的校园服务中，吸引、留住学生，构建网络大课堂，进而实现思想引领，创新了思想政治教育的途径和方法，形成了教育教学、校园生活和文化娱乐三位一体的思想政治引领模式。如果说，共建共享平台的构建是“易班”技术层面上的支撑，那么教育教学、生活服务和文化娱乐三位一体的思想政治引领模式便是“易班”内涵建设的基本理念，实现大学生思想政治教育潜移默化于教育教学、校园生活和文化娱乐之中。

① 骆郁廷. 吸引、判断、选择：网络思想政治教育的关键词 [J]. 马克思主义研究，2016(11)：120-131.

其一，以思想引领为主线，为课程思想政治改革提供思路。立德树人是教育的根本任务，无论是以思想政治教育为主的“两课”教学，还是以专业课为主的知识教育，都是要培养在理论上和实践上服务社会主义现代化建设、为人民服务的现代化人才。这就要求日常教学活动要在知识传授和思想引领方面做到有机结合，这样才能在以知识为内容的科学“真理”追求的过程中，实现对大学生“至善至美”的价值引领。长期以来，在高校知识教学过程中出现的所谓的“价值无涉”的理念一直排斥着课堂教学的价值引领内在要求，“教”与“学”在教学实践过程中造成实际的分离。通过课程思想政治教育来夯实思想政治理论课主阵地是将以知识传授为主的专业课教学拉回价值引领这一教学活动应然状态的基本要求。“易班”在这方面的尝试中取得了一定的经验，一方面紧密结合国家发展时事，将思想引领的内容进行互联网化再造，将社会主义核心价值观、中华优秀传统文化的内容进行全新策划、重构与包装，将知识传授与价值引领凝结于一批生动有趣、原创的文化产品中，在网上与师生互动。例如，“易班学院”制作的《来自星星的报告》《社会主义核心价值观系列之教育平等》《中国发展社会效能指数》等视频短片，通过变抽象为形象、化生硬为活泼，吸引学生观看并在线互动，使其在轻松状态下领会社会主义核心价值观的内涵，从而达到春风化雨般地引导言行和培育理念的目的。另一方面，在线学分课程的打造充分发挥了互联网的“脱域”功能，使共建高校共享优质教学资源。优质教学资源的供给是一个需要精心创作的过程，这就要求充分挖掘高校教育资源，探索教学模式和内容的创新，进而实现知识传授与价值引领的完美结合。所谓优质网络教学资源，就是经过精心的课程创作，既能高效传递科学知识，又能在人的内心世界产生灵魂碰撞和价值共鸣的网络作品，它既是一个逻辑递进、引人入胜、生动高效的知识传递课程作品，又是一个催人奋进、震撼灵魂和令人反思的精神产品。

杭州电子科技大学创新课程思政实施机制，构建基于育人主渠道的课程思政网络矩阵。学校 200 多门人文通识教育课联网上线，建立基于“互联网 + 通识教育”新型教学模式。树立“门门功课都有育人功能、人人都是德育工作者”的育人理念，建设 100 门课程思想政治精品课，引领学校 2 000 门课程思想政治建设，建立符合思想政治课和思想政治选修课、通识课和专业课发展规律的长效运行机制和协同创新机制。

其二，以校园生活服务为切入点，使思想政治教育回归生活世界。“教育就是生活，生活也是教育，这是一种重要的教育理念。”[①] 从理论上分析，教育活动与生活世界都是人们认

① 陈宝生. 切实推动高校思想政治工作创新发展——深入学习贯彻习近平总书记教育工作重要讲话精神 [N]. 光明日报，2017-08-04(11).

识来源的基本途径，教育的理性化与生活的感性化并不是截然分离的。网络化世界的出现带来生活方式的改变，并深刻影响着人们的交往方式和精神世界，人们的思维方式也在向着网络化的方向转变。教育回归生活世界，不仅是将教育活动中获得的理性知识放在生活世界中检验与提升，而且注重从直观的、感性的生活世界中发现人类社会生活的本真意义。按照马克思的理解，人类的认识正是来源于人们的现实生活，来源于人们的衣食住行，正所谓社会存在决定社会意识。教育与生活、理性与感性，在回归生活世界的教育理念中正是要发挥两者对于个人认识发生的重要作用。“思想政治教育回归生活世界，实质上是对思想政治教育过于强调教育知识化、内容抽象化、方法简单化的反思及纠偏。回归生活世界，不仅仅是对现实的简单回归，还要超越现实生活，培养学生立足现实世界，在认识世界和改造世界中充分发挥主观能动性，正确地引导行动，升华其人生境界。”① 整个世界被数字化、信息化转换之后，通过互联网呈现现代的信息传播终端，创造了一个可以间接感知的图像和符号世界，这俨然成为新时代大学生的生活世界，互联网已经成为现实生活不可或缺的需要。生活世界的感性化源自个人对当下即时性生活的感受和

① 朱孔军.回归“生活世界”：让思想政治教育“活”起来 [N].光明日报，2017-07-13(14).

体验，源于经验化的直观判断。因此，思想政治教育要关注学生个体的发展需求和生活境遇，从生活中切入学生思想实际、心灵窗口和生活实际，以服务为起点切入思想领域，将生活中的小事转化为接地气的思想政治教育入口，进而将价值引领在生活中落小、落细、落实。

“易班”以服务大学生校园生活为切入点，满足和服务学生需求，将校园信息化服务作为汇聚青年学生思想动态和行为习惯数据的渠道，将学生成长的主要环境——校园的现实生活内容——通过互联网进行方式的转化和优化，从而实现在传统生活方式中无法融入的教育信息和符号在现代网络世界中得以融入，使教育信息资源在细小处发挥育人的价值，起到润物无声的效果。一方面，“易班”通过将校园信息化服务进行互联网重塑，为在校学生提供一站式、一体化的校园服务；另一方面，“易班”支持各个学校依托“易班”开放平台进行校本化应用开发。目前，“易班”开放平台上已汇聚了超过 9 000 个特色应用，涵盖诸如就业指导、心理咨询、奖助勤贷、宿舍服务、食堂团购等校园应用。同时，“易班”探索了“易班校园体验中心”项目，整合线上、线下数据，在高校探索师生和校园服务 O2O 的闭环体验。

以杭州电子科技大学为例，在“易班”平台基础上搭建学生事务模块，梳理、整合、优化各部门涉及学生的事务管理流程，建立贯穿学生校园学习生活全周期、涵盖学生事务办理全领域的线上办事大厅，涵盖学生查课表、查成绩、查绩点、图书馆借阅信息、申请困难生认定、申请国家励志奖学金等30项功能，做到网上能办的事都在网上办，让学生“少跑腿、好办事”。将智慧后勤与“易班App”相对接，实现众多满足学生日常生活需求的功能，包括查水费、查电费、网上报修等，实现服务功能的全覆盖。试点“易班优课”平台。将新生始业教育、军训理论课程、辅导员直播间等搬到优课平台，实现线上思政一体化。

其三，以文化娱乐为抓手，充分发挥文化的思想政治功能。文化娱乐活动是高校大学生在校期间提升组织能力、交往能力，以及进行自我教育、自我管理的重要途径，同时也是学生表达自身价值理想的重要途径。校园文化活动是学生进行源于生活而又高于生活的文艺创作的重要途径。校园文化娱乐活动与网络的结合不仅为学生文化活动的组织增添了方便快捷的途径，而且文化作品在网络中的爆炸式传播最大化地实现了文化作品的艺术价值，放大了文化作品“化人”的作用。在这个过程中，大学生生活规律、成长规律、文化传播规律与互联网规律得到很好的结合，最大化地激发了大学生组织、参与、欣赏、体验、交流校园文化的激情。文化活动的设计理念需要学生对自然、生活和生命的深刻理解，在文化作品的设计过程中辨别真与假、是与非、美与丑等方面的不同倾向，提升他们发现美、表达美、欣赏美的能力。

“易班”将组织设计开展各类校园网络文化活动，作为创新网络思想政治教育、传播主流价值观的有效切入点，实现了校园文化活动信息发布、直播、点评、讨论、投票、抽奖等功能，校园文化活动线上、线下互动，知晓面和影响力大大提升。通过“易班”，学生每年可以参加各类国家级、省级、校级网络文化活动。例如，“全国高校校园好声音”大赛，在首届450万人次参与、3亿次网络传播的良好基础上，第二届吸引了32个省、市的517所高校上万名学生参加，累计收到音乐作品20 634首，原创歌曲414首，大赛网络投票超过800万人次，网络传播达5亿次，总决赛优酷网络直播累计收视超过1 120万人次，成为国内影响力极大的大学生校园文化盛事之一。“易班”对校园文化的网络化呈现为共建高校大学生网上交流文艺感受提供了平台。学生通过网络空间的互动，观看其他网友表达对文艺的鉴赏和感受，相互交流、产生共鸣、共同进步。

在“易班”共建过程中，高校逐渐形成共识，认识到“易班”建设要坚持理念创新、机制创新、方法创新。① 在理念

① 边慧敏，王小林，张力. 依托“易班”创新开展新时期网络思政教育 [J]. 中国高等教育，2015(24)：20-23.

上，要通过教育教学、生活服务、文化娱乐等多种形式吸引凝聚青年学生，提升用户认同度和喜爱度；要凸显学生主体地位，注重共建共享，调动学生主动参与网络建设的积极性；要加强队伍建设，整合教育教学资源，发挥教师主导作用，思想引领润物无声；要紧跟技术进步，不断创新开发应用产品，满足学生网络需求。在机制上，要健全学校建设管理机制，成立领导机构，落实牵头单位和协作部门，从经费、队伍、硬件和政策上予以保障，要制定评估考核办法，构建校、院、班三级建设机制。在方法上，要实现由单向灌输向互动引导教育方法的转变、由封闭式向开放式教育的转变、由传统向现代的教育手段和途径的转变。

经过短短几年的建设，“易班”已经初步实现了网络思想政治平台的育人功能，从服务上海市教育教学改革到走向全国，显示了“易班网”的育人价值。伴随着信息化革命的悄然推进，人们的生活方式、工作方式都在发生着深刻的变化，尤其在以信息传递为主要工作方式的教育领域更是如此。高校学生作为接受新事物最为活跃的群体，在生活方式上对传统带有天然的反叛，虽然这种反叛往往是无意识的，或者说这种反叛恰恰构成了他们对新事物需求的内在动力。回顾“易班”的建设历程，不难发现，与时俱进是高校做好思想政治工作的基本要求。高校思想政治教育要不断创新方式方法，要贴近教育对象的学习、生活和文化需求，通过现代网络手段，在服务大学生用户的过程中实现对大学生的思想引领。“易班”希望通过用最贴近学生、最受学生喜爱的形式为学生提供各方面健康向上的校园生活服务，在教育教学、校园活动、文化娱乐等方面不断创新服务的切入点，从而让高校学生爱上“易班”、留在“易班”，让学生在使用平台服务、参与平台共建的过程中实现自我教育和自我成长，最终实现全方位、全过程、潜移默化的思想引领。

二、通过“易班”构建服务育人全过程的网络思想政治平台

杭州电子科技大学以习近平新时代中国特色社会主义思想为指导，坚持立德树人，立足电子信息类的办学优势，统筹校园信息化基础设施、平台搭建、应用开发，将与学生教育管理服务紧密相关的信息化建设摆在优先位置，集中力量建好基于“易班”校园学工平台，将各部门“数据孤岛”联通起来，以实现教育资源一网统筹、学生事务一网办理、思想政治教育一网承担为目标，着力将“易班”建设成为符合杭州电子科技大学学生需求，具有思想性、教育性、服务性、娱乐性和安全性的高校思想政治工作网络，构建“一站式”“一体化”“一条龙”的学工平台，以“大数据”驱动个性化育人。

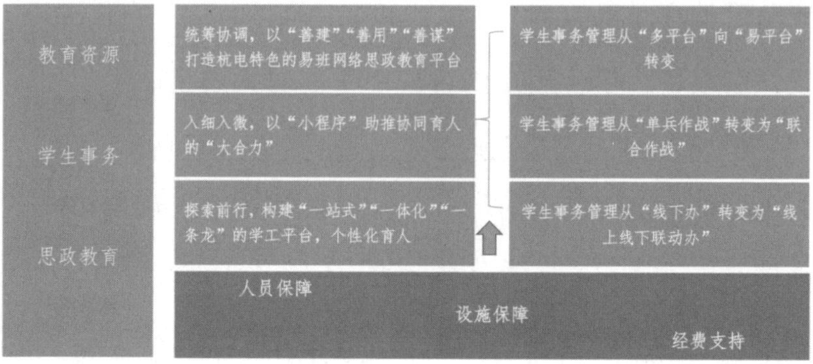

图 5-2 “易班”网络育人平台构建示意图

(一) 基于“易班”打造学生事务管理网络平台

1. 打造“一站式”学生事务大厅

涵盖了入校前的迎新业务、在校期间的个人信息管理、日常离返校管理、资助申请、就业服务、毕业时的离校手续办理等各项学生事务。学生不仅可以通过网上学生事务大厅提交各项事务的申请，还可以实时查看事务办理的流程和进度，既减少了线下办事耗费的精力和时间，又解决了信息不对称的问题。截至 2019 年 9 月，网上学生事务大厅共完成 10 653 项业务的申请和审核。学校“一站式”服务系统数据量近 20 万条，日平均独立访问量 3 000 余人次，请求服务达 800 万余次。

2. 打造“一体化”的辅导员工作平台

“杭州电子科技大学学生”学工平台将可剥离的辅导员工作实现网络化部署，可以实现学生基本信息管理、学生事务审核办理、消息通知、数据统计、分析和预警。目前，辅导员工作平台已上线20项事务，极大地方便了辅导员开展学生管理服务工作。

(二) 基于大数据构建精准思想政治网络阵地

在“一站式”事务管理系统上，形成学生行为流程生态闭环，为抓取学生行为数据打下基础，逐步形成“两中心一平台”工作格局。分别是：基于“易班”的学生事务一站式服务中心、基于“易班”的学生大数据分析中心、校情综合展示平台(大屏)。基于“易班”的学生大数据分析中心是由学生事务一站式服务中心沉淀的业务数据、“易班”开放接口获取的行为数据、交换平台交换的校内其他系统的数据构建出学生事务主数据中心，再利用数据分析系统将学生个人维度数据信息、教师所关注业务数据汇总信息、学生舆情监测信息利用“易班”手机端展现多维度图表(根据角色和数据权限展现)，直观、明晰地呈现出分析结果。通过对上述学生个人信息和学生行为信息的关联分析，构建每个学生的多个维度的模型，综合各个维度的情况，建立全校学生个人行为画像和综合画像。

（三）基于数字画像构建网络预警体系

将学生一卡通、学习记录、有线网络和教务等信息做数据关联分析，绘制出学生“行为轨迹”，建立不同种类的预警分析模型。一旦学生偏离习惯性轨迹，就会触发报警阈值，按照普通、紧急、严重三个等级来显示失联、消费、网络和沉迷等预警信息，通知学生本人、辅导员等相关人员，方便教师和领导及时介入给予疏导和帮助，帮助学生走出困境，规避学生可能面临的风险，提升管理的及时性和有效性。

图 5-3　杭州电子科技大学党委副书记在全国高校教学一体化生态链建设创新论坛作“易班”工作报告

三、通过“易班”构建四位一体的育人体系

如前所述，“易班”以提升吸引力为中心，以服务学生为切入点，形成了教育教学、校园生活和文化娱乐三位一体的思想政治引领模式。杭州电子科技大学结合浙江省“最多跑一次”改革和本校信息化特色的实际情况，在“易班”传统三位一体思想政治引领模式的基础上，逐步构建以课程思想政治、创新创业教育、实践育人、文化育人的四位一体思想政治教育模式。

（一）创新课程思想政治实施机制，构建基于育人主渠道的课程思想政治网络矩阵

杭州电子科技大学200多门人文通识教育课联网上线，建立基于“互联网＋通识教育”新型教学模式。树立“门门功课都有育人功能、人人都是德育工作者”的育人理念，建设100门课程思想政治精品课，引领学校2 000门课程思想政治建设，建立符合思想政治课和思想政治选修课、通识课和专业课发展规律的长效运行机制和协同创新机制。

（二）构建学科竞赛新机制，逐步形成“互联网＋”创新创业教育新模式

不断完善和健全以互联网和信息科技为核心，“实践—

创新—就业”三位一体的培养模式，继续修订培养方案，突出以互联网为特征的实践教学与创新能力，提升杭州电子科技大学学生的信息素养。继续完善构建“一院一赛”“三级竞赛”“四大联动”的学科竞赛体系，形成“互联网+”行业背景的杭州电子科技大学竞赛特色，真正发挥竞赛育人功能。

(三) 统筹校内外实践资源，构建一体化实践育人体系

系统梳理和盘点各类实验、课程设计、实习、毕业设计(论文)、创新创业、学科竞赛和课外科技活动等实践性教学环节，进行整体优化设计，形成实践合力。整合校企合作实践资源，继续拓展与阿里、华为等大型信息科技企业的深度合作，面向信息行业，建立企业出技术、出设备、出导师，与学校共建实验室、共同开发教育的联合机制，实现高校与企业、区域的融合发展。协调第二课堂的志愿服务、暑期社会实践等各类实践活动，开展学分化、课程化管理，形成多方合力的实践育人系统。

(四) 加强信息技术引领的网络文化建设，营造信息特色的文化育人氛围

构建以数字校园、网络伦理、数字管理服务为核心的网络文化建设，将“易班”作为联通课内与课外、教学与科研的

重要载体，促进学生事务的精准管理与服务，集聚学校分散的网络教育载体，打造规模化的教育管理矩阵，为学生提供浸入式的网络文化涵养。将“易班”网络文化向教师延伸，以“易班”文化涵养校园文化，在社会上形成信息特色的社会影响力和网络育人大环境。

四、杭州电子科技大学网络思政育人的新路径

杭州电子科技大学认真贯彻落实省委、省政府“最多跑一次”决策部署，立足省“易班”发展中心和杭州电子科技大学“易班”发展中心，以“学生大数据仓”平台建设为抓手，设计“融通管理数据、优化服务功能、整合教育资源”的“三年三步走”实施路线图。推进让“数据多跑路，师生少跑腿”“只进一扇门，最多跑一次”的学生事务管理网络化应用。

(一) 强化统筹协调，以“善建”“善用”“善谋”打造杭州电子科技大学特色的“易班”网络思想政治育人平台

学校以大数据仓平台建设为抓手，打通数据流通渠道，整合校园网上资源，打造基于“易班”、具有杭州电子科技大学特色的学生工作网络平台。

一是搭建学工业务模块，建立适应相关部门业务受理和学工队伍业务处理的工作管理系统，与各项学生事务办理相

链接，涵盖了学工系统的考核、新生入学教育组织等功能。

二是搭建第二课堂模块，建立学生各类型第二课堂活动在线查询、报名等环节的生态闭环，有效促进学生提升素质、服务大局、融入社会。

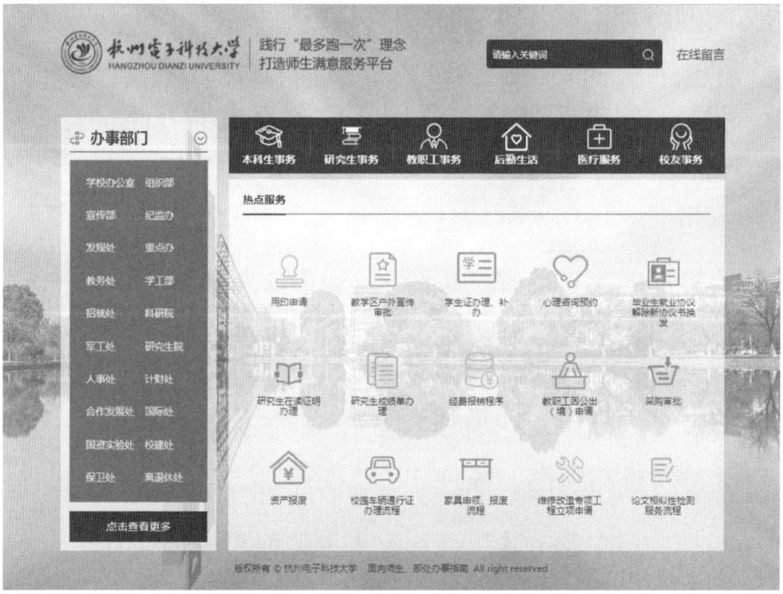

图 5–4 “最多跑一次”平台

（二）以点名系统“上课啦”为切入点，利用小程序驱动教与学的融合

课堂管理是学风建设中的老大难问题。传统的课堂管理主要依靠教师课堂点名，当前也出现了很多的点名方式，如照相点名、扫二维码点名、人脸识别等，这种考勤为点名而

点名，考勤结果既无反馈，也无处理意见。杭州电子科技大学师生协作，经过半年的研发，开发出基于“协同创新”“过程管理”“大数据分析”理念的课堂考勤管理系统，学生们给它起了一个可爱的名字——“上课啦”。“上课啦”App 实现了五大功能。一是数据无缝对接。教师课表和花名册与教务系统同步，随时查看。二是考勤无纸化。PC 和移动终端，课堂考勤和平时成绩一键记录。三是大数据分析。自动识别“考勤信用”低的学生，提醒教师对其予以关注。四是信息共享，协同管理。考勤数据同步共享，教师、辅导员、教务分类管理。五是节省时间，提高效率。学期末考勤和平时作业数据自动统计，设定子账户，学生助教辅助输入平时成绩。原先 100 人的课堂考勤至少需要 8 分钟，现在最短仅需 15 秒就能完成，大大提高了教师管理课堂的效率。总之，杭州电子科技大学的教师上课不用带纸质点名册了。通过这个平台，我们构建了一个立体的“促学体系”，实现四大功能：一是学生自我管理，旷课信息通过“杭州电子科技大学助手”推送提醒学生；二是教师课堂管理，多次旷课的学生名单将进入系统教师考勤推荐名单；三是辅导员思想引导，学生旷课较多，系统将学生名单推送给辅导员关注；四是制度约束功能，学生旷课达到处分标准的，其信息将会被送达教务人员。

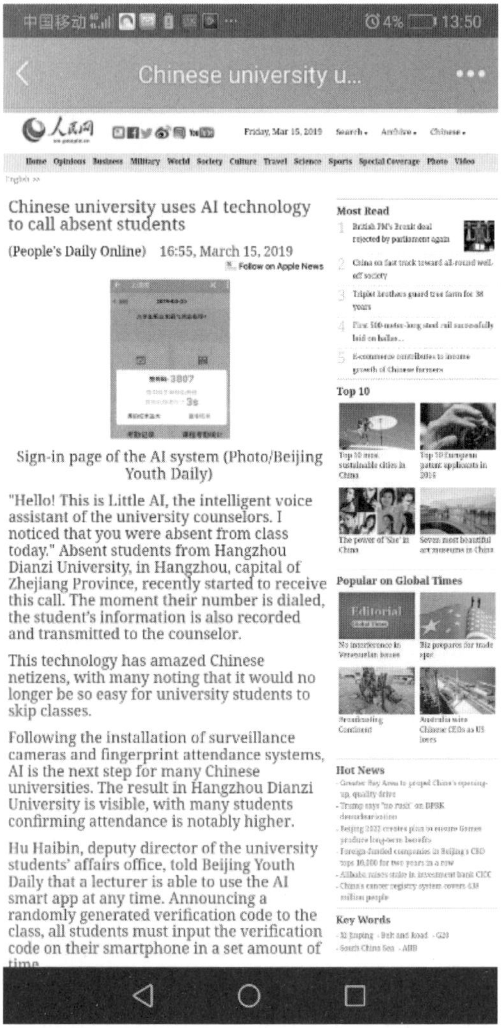

Chinese university u...

Friday, Mar 15, 2019 Search Archive Chinese

Home Opinions Business Military World Society Culture Travel Science Sports Special Coverage Photo Video

Chinese university uses AI technology to call absent students

(People's Daily Online) 16:55, March 15, 2019

Follow on Apple News

Sign-in page of the AI system (Photo/Beijing Youth Daily)

"Hello! This is Little AI, the intelligent voice assistant of the university counselors. I noticed that you were absent from class today." Absent students from Hangzhou Dianzi University, in Hangzhou, capital of Zhejiang Province, recently started to receive this call. The moment their number is dialed, the student's information is also recorded and transmitted to the counselor.

This technology has amazed Chinese netizens, with many noting that it would no longer be so easy for university students to skip classes.

Following the installation of surveillance cameras and fingerprint attendance systems, AI is the next step for many Chinese universities. The result in Hangzhou Dianzi University is visible, with many students confirming attendance is notably higher.

Hu Haibin, deputy director of the university students' affairs office, told Beijing Youth Daily that a lecturer is able to use the AI smart app at any time. Announcing a randomly generated verification code to the class, all students must input the verification code on their smartphone in a set amount of time.

Most Read

1 British PM's Brexit deal rejected by parliament again

2 China on fast track toward all-round well-off society

3 Triplet brothers guard tree farm for 38 years

4 First 500-meter-long steel rail successfully laid on ...

5 E-commerce contributes to income growth of Chinese farmers

Top 10

Top 10 most sustainable cities in China

Top 10 European patent applicants in 2016

The power of 'She' in China

Seven most beautiful art museums in China

Popular on Global Times

Hot News

Key Words

图 5-5 人民日报海外版报道杭州电子科技大学“上课啦”点名系统

（三）以“自主报到系统”打通协同育人通道，加强育人合力

一直以来，新生报到都是学校最引人关注的画面，家长与新生提着大包小包的行李，排着注册、缴费、领取物品等

种种队伍。为了解决新生报到这一难题，我们建立了集学工、教务、行政、后勤等各部门数据为一体的数据仓，建立起“新生自助报到系统”。杭州电子科技大学9月初新生开学，作为首个接入高校应用到高校新生报到中的高校，当天就有超过500位学生使用自助通道完成注册流程，平均时长4秒，明显低于人工注册流程。新生自助报到通过梳理报到流程、简化报到步骤、对接学校数据，极大地降低了新生报到的复杂度，让新生可以根据手机上的指引，自助完成报到流程。同时，学校教师可以实时查看所有班级和每个新生的报到状态。

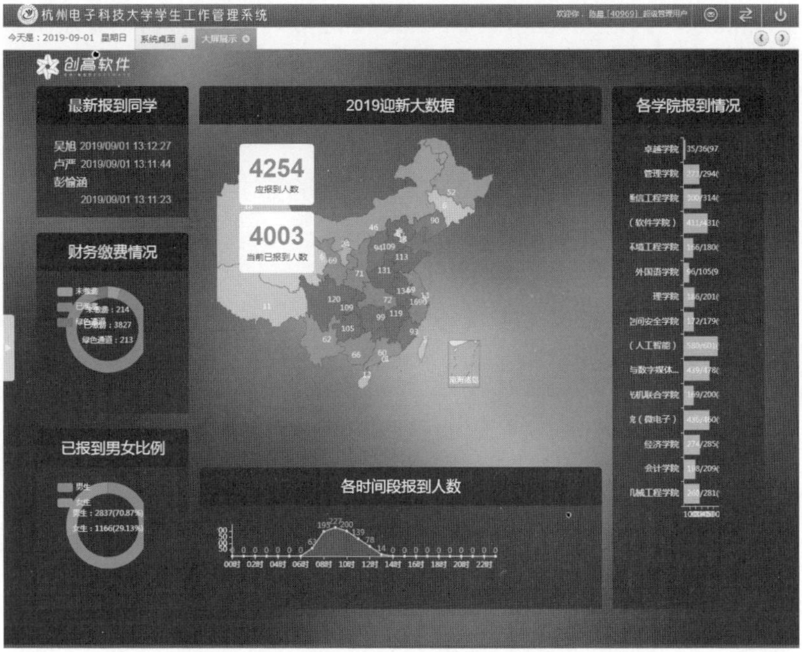

图5-6　学校新生报到即时数据显示大屏

(四)打造互联网育人全程服务平台

推进以学生为中心的学工系统信息化流程再造，提升基于“易班”的综合信息平台服务学生的能力。开发学生成长档案信息和学生综合测评“易班”平台。营造校园网络文化氛围，培育学生网络文化工作室，加强班级网络空间建设。将“易班”建设成为服务大学生的网络办事大厅，通过特色应用开发，引导“易班”建设立足服务学生衣食住行学，整合校内教务处、后勤服务公司、学工部、团委的资源，积极为学生提供服务，打造思政教育的“成长超市”。发挥直播优势，推进基础课程“高等数学期末复习谈”等学业网络指导。

五、“易班”平台网络思政育人的推广价值

(一)构建学生事务管理的“易平台”

作为浙江省“易班”首批试点建设高校和省网络思政中心，杭州高度重视教育部“易班”平台建设，成立学校“易班”建设领导小组，由校党委副书记和副校长担任双组长，统筹全校网络教育资源，整合分散在各学院各部门的100多个微信公众号，将7个超过2万人的服务公众号资源整合进“易班”平台，通过网络资源的全聚集，推进网络教育的全覆盖。

以“易班小程序”推进学生事务的“最多跑一次”实现。建立贯穿学生校园学习生活全周期、涵盖学生事务办理全领域的线上“一站式”办事大厅，把涉及学生查询、服务、审批的功能搬到“易班”平台上，升级丰富服务，便利学生学习生活。涵盖新生入学、毕业离校、查课表、查成绩、图书馆借阅信息、网上报修、交水费、交电费、订餐订水、申请困难生认定、申请国家励志奖学金等42项功能，目前已有80%的学生项目做到网上能办的事都在网上办，以小程序解决学生的小烦恼。

（二）构建联合作战、多点联动的协同育人体系

杭州电子科技大学建立了集学工、教务、财务、后勤等部门数据为一体的数据仓，依托数据仓自主开发一系列系统，让“最多跑一次”由“单兵作战”转变为“联合作战”。例如，“易班”新生自助报到系统，将新生报到由原来的现场排队注册报到，变成网上随时随地点击“新生自助报到”，1秒完成报到。以往全校5 000名毕业生办理离校手续，要跑8个部门、盖8次章，排队时长累计5小时，学生审核跑断腿，教师盖章盖断手。通过“易班”毕业生离校系统，学生可以通过手机查看电子离校清单、毕业审批状态和部门办理流程，便捷完成毕业手续。

图 5-7 杭州电子科技大学党委副书记王兴杰在浙江省教育公共服务领域推进深化“最多跑一次”改革工作视频会议做经验介绍

(三) 以学生事务“最多跑一次”推动作风转变

杭州电子科技大学将“易班”建成集学生事务管理、思想引导、发展性指导和网上学生社区为一体的网络平台，提升学生工作信息化、规范化水平，进而推进网络思想政治工作体系建构。学校将传统的学生工作模式转型为线上、线下相结合，把党员发展、贫困生认定、奖学金申报、阳光体育、就业创业服务等学生工作事务实现线上、线下思想政治一体化。

该项举措受到人民日报、联合早报、澎湃新闻等 30 多家媒体的关注。

（四）以数字画像聚焦精准育人

以“最多跑一次”改革倒逼校务服务事项目录梳理，实现校务服务事项数据共享，推进校务服务事项流程优化，开发方便师生程序应用。服务学生个性化成长，打造思政教育的网络化“成长超市”，构建教育、管理、服务一体化推进的精细化服务“e”张网。注重数据资源贯通，利用大数据分析的力量，促进立德树人更有方向、更为精准、更有内涵。自动沉淀用户数据，给学生用户画像，并制作、生成、推荐适用每个学生个体成长的资源内容，在“最多跑一次”甚至“一次不用跑”中，最大限度发挥精准对接学生发展需求和个性差异，实现思想性、教育性、服务性、娱乐性和安全性交融互生的思想政治工作网络平台的作用。

杭州电子科技大学将“易班”平台建设作为撬动“最多跑一次”改革的试金石，发挥学生事务管理网络化应用的育人功能，推进网络育人作为“三全育人”综合改革试点的重要载体，开创网络育人工作新局面。

图 5-8　学生事务“最多跑一次”照片集

第六章
高校网络突发事件的相关案例分析

如前所述，高校大学生已成为互联网中最为活跃的人群之一，互联网成为大学生学习和生活中不可或缺的一部分。无论是传统事件，还是新兴事件，都借助互联网这一传播平台来产生更快更大的影响。借助网络平台传播的网络信息新闻类事件对高校思想政治教育提出了新的挑战。

高校网络突发事件主要包括：利用国际联网从事违法犯罪活动；制造或传播不当或违法信息及其他违反宪法和法律、行政法规；危害计算机信息网络安全；在网络舆情事件中发生不当行为等一系列借助网络媒介发生的相关事件。

互联网传播速度快、影响范围大，在网络突发事件发生后，一旦应对不合理、不及时，其影响极易恶化和扩大。接下来主要介绍群体或个别的典型网络安全事件及其解决思路、处理步骤和启发等。通过分析这些典型案例，更好地为高校网络思想政治教育提供经验遵循。

相关案例及解析

(一) 菜价风波

近期，受到全国农副产品市场价格变动的影响，农副产品的价格不断上涨，某校后勤食堂已经连续几个月处于亏损状态。该校后勤部门经过严格的市场调查后，最终决定相应提高饭菜的价格，食堂菜品均价上涨了6%。在新价格实行的第一个星期，学生第一时间就发现了菜价的变动，每次就餐时间总是乱哄哄的，学生意见很大。实行菜价调整后的第一个星期六晚上，某班班长向辅导员反映，学生QQ群、校内网、微信群上出现了从下周一早餐开始“抵制涨价，集体罢餐”的号召。已经有200多人跟帖表示支持并参加，甚至有人建议把食堂的桌子搬出来将大门堵死，坚决抵制学校食堂饭菜的价格上涨。经调查了解发现，网上最积极的鼓动者是一个网名为“随遇而安”的学生。

高校后勤是为广大师生服务的，虽然不少地方已经实现了社会化，但是总的来说，公益的性质居多，普通的市场行为(如菜价调整等)在处理过程中也有着它自身的特殊性。本案例原属传统事件，如果在自媒体环境下，如果这一问题处理不当，就会演变为具有造成一定负面影响的网络舆情事件。

1. 案例处置关键点

(1) 查明事件起因并公布真相。要全面掌握食堂菜价调整的来龙去脉，做好线上、线下的引导工作。

(2) 追溯相关帖子的核心内容和核心人物，做好相关学生的思想工作。

(3) 做好学生集体罢餐的应急预案。

2. 案例处置的步骤与举措

(1) 厘清事实，公布真相。了解食堂菜价上调的详细过程，结合学校后勤管理的规章制度，并根据市场农副产品上涨、食堂菜价上调的幅度合理合规等客观情况拟一份详细的菜价调整公告和详细的疑问解释。如果涨价合理、合规，应及时广而告之；如果涨价不合理、不合规，那么立即要求后勤改正并道歉。

(2) 尽快找到网名为“随遇而安”的学生，做好其思想工作。同时，借助学校保卫处、计算机网络中心和网上的信息员，找到其他核心煽动者，有必要时，可求助公安机关。找到相关学生所在的学院和部门，对学生做好思想教育工作（包括解释事件缘由，告知罢餐、掀桌子等不合法、不合规方式的严重后果平息言论等）。

(3) 做好本次调价的解释工作。掌握网络言论的核心内容，学校后勤等相关部门在网络上公开做好食堂菜价调整的解释工作，消除学生心中的疑惑，同时第一时间在食堂门口、公寓楼下等显著位置紧急张贴菜价调整公告，告知全校师生并提供学生反映合理意见的渠道和联系方式。

（4）学校保卫处以及学校各部门做好周一学生集体罢餐的应急预案。

（5）各学院对学生做好全面的解释安抚工作，防止更多的学生参与进来。

（6）深入做好舆情动态监控，第一时间掌握事态的发展。

3. 案例启示

（1）涉及学生利益的政策变动要事先做好调研并充分征求学生意见。学校政策或规则的变动一定要在实行前做好群众调查和信息公开，避免在学生中引起不必要的猜测和误解，从而导致更为严重的舆论压力。

（2）要注重普及学生网络法治教育。避免学生在网络中发表不当言论，参与组织、煽动等造成严重后果。

（3）要发挥好班干部和信息员队伍的纽带作用。及时正确把握事情的发展方向，学生有任何意见应第一时间与老师进行沟通。

（二）网络维权引争议

2014 年 4 月 28 日一早，某校接当地公安分局通报，该校刘某（某专业大四学生）在网上以《各位淘宝卖家要维权的请进》为题发帖，称“2014年5月1日淘宝维权大行动，所有被淘宝无辜封店和冻结支付宝的卖家和买家受害者来我们这里报名。组织大家到杭州淘宝总部门口游行，届时会有报社记者和电视台现场跟踪录制维权的全过程。我们要为自己讨回公道，维护大家的合法权益。有要去的请加QQ：71240×××报名登记”。校内外已有近百人转发、跟帖，也出现了社会上很多转发后夸大事实，甚至表示“政府工商部门不作为，消费者权利难保障，要求同时到市政府门口游行”等反对政府管理且没有依据、不负责任的言辞，造成了不良的影响。

电子商务大繁荣，网络购物已成为常见的消费形态。淘宝网、京东商城、亚马逊等各类电商不断占据着消费市场份额。但网络消费争议、维权等问题也应运而生。当代大学生是网络购物消费的主力军。本案例就是由淘宝网消费维权引发的不当网络行为，以及由此蔓延到现实中的不当活动，属于制造或传播不当或违法信息及其他违反宪法和法律法规的范畴。

1. 案例处置关键点

（1）积极协助公安机关查明真相。

（2）及时做好刘某的思想工作。理解刘某维权心切的同时，帮助其找寻合法的维权途径。如何对刘某进行法律教育和思想引导至关重要。帮助其转变维权方式，从而平息事件。

（3）以适当方式进行校内通报。以此为鉴，同时告知家长相关情况。

2. 案例处置的步骤与举措

（1）学校成立应对小组，召开碰头会，研究部署工作。因刘某系毕业班学生，在校外实习，由学院负责找人，并定于当日下午见面谈话。

（2）做好刘某的说服教育思想工作。当地公安分局、校保卫处、学院负责人和辅导员陪同，共同与刘某见面谈话，了解事情的缘由，帮助其提高思想认识，指出其行为将会造成的后果，宣传《中华人民共和国集会游行示威法》，教育其遵守国家法律，责令其删除网上发帖，做好网上解释，发表取消游行的声明，并上交书面认识材料。教育刘某要通过消费者协会或工商局等合法正当途径维护消费者权益。

（3）控制事态，确保该游行计划已取消。校保卫处、学院见面谈话后进一步确认，保证刘某已按要求删除网上发帖，发出了取消游行的声明，已交书面认识材料。同时掌握校内有无其他学生一起参与的情况。继续与公安机关联系，跟踪事态的发展变化，确保整个行动已彻底取消。同时告诉刘某在网上随意发布不当言辞的危害，一旦像这样被不法分子利用，后果不堪设想。

(4) 以适当方式通报此案例，并做好普法教育和宣传工作，引导广大学生理性消费，合理、合法维权。

3. 案例启示

(1) 要注重加强网络安全与法治意识教育。普及宣传本案例中涉及的《中华人民共和国集会游行示威法》，加强学生的网络道德、法规与安全教育。加强维权合法合规方式方法教育，告知学生寻找消费者协会或工商局等相关政府部门维护消费者权益，而不是盲目地在网络上蛊惑、煽动。

(2) 完善网络信息员队伍建设，建立畅通的信息报送制度。信息员的重要任务是第一时间掌握网络信息动态并告知学校或老师，从而有利于掌握事件发展的主动权，将事件影响降到最低限度。

(三) 网络创业须守规

近日，辅导员在大四学生的班级微信群、QQ 群、班委群里同时看到了一则醒目的广告信息，是戴某发布的，内容涉及很多进口保健产品的广告、价格及优惠政策。点击打开一看，这些产品大致是能量概念的产品，如能量环、心情手链等，闻所未闻，且价格非常昂贵。紧接着，来自戴某的另外几条消息引起了辅导员的注意："各位同学，我已入会，自己已经买过，并送给了爸爸妈妈，效果神奇，强烈推荐，有兴趣的同学可以咨询我，入会更优惠哦！”“明天我会到大家寝室亲自做产品的实验，等我哦”……此类推销短信在群里越来越多，第二天也有班级学生反映到老师那里说被班长骚扰。辅导员在网上仔细搜索了戴某推荐的网站和产品，才得知原来这是一个利用传销模式销售的概念网站，依靠障眼法骗取会员费，再利用“销售多少返利”的模式让受害者来拉入更多的人赚取利润。戴某是个贫困生，在网上看到了这个销售网站，以为可以赚钱，短短一个月已经花费5 000元在这些产品上，同时决定毕业后继续从事这个网络销售。现在，戴某不停地在各个群里推销，对班级学生的影响很大。

在电子商务不断发展的今天，有很多人借助QQ、微信等聊天工具动起了生意经，大学生中也有不少成功的网络创业案例。但在这鱼龙混杂的网络商品中，一定不乏假冒伪劣、非法销售的产品。本案例中的大学生戴某便是在被不法网络销售网站“洗脑”后，转而在校内网络媒体宣传销售产品，属于利用网络非法经营和传播不当信息的网络安全事件范畴。

1. 案例处置关键点

(1) 向戴某解释非法网络销售的利害关系，引导戴某停止校内网络推销行为。

(2) 通过职业指导、心理疏导等方式做好戴某的后续工作。

(3) 对此类行为进行排查，开展主题教育。

2. 案例处置的步骤与举措

(1) 依法让戴某尽快停止网络销售行为。找到戴某了解她的现状，根据查找到的关于该网站如何盈利的信息帮助她认识到这个销售模式属于传销行列。根据《中华人民共和国刑法》《全国人民代表大会常务委员会关于维护互联网安全的决定》等相关法律规定，该网络销售行为是一种非法经营活动，同时网络上无证销售本身也属于一种违法行为，应立即停止。

(2) 做好戴某的情绪安抚和后期指导、关心。做好其职业指导工作，鼓励她勇敢面对人生的每一次经历，帮助她找到自己擅长的工作。联系戴某的家长，告知事情的经过，希望家长在经济上和找工作等方面更多地关注戴某的动态。

(3) 在班内开展预防网络诈骗和传销陷阱的主题教育。

(4) 通过班干部、信息员等继续关注戴某日后各方面的情况。

3. 案例启示

(1) 强化大学生就业指导教育，重点加强应届毕业生就业技能培训。在大学阶段实行大学生职业生涯规划和就业指导的普遍教育，对大四应届毕业生在辨别就业陷阱和增强就业技能上重点开展指导教育工作。

(2) 加强学生对网络非法、诈骗信息的筛查辨别能力教育。

(3) 加强网络创业法律意识教育。随着互联网的发展，各种名目的电子商务种类繁多，真假难辨，要对大学生个人进行网络销售的法律意识加强教育，网络行为、网络创业必须遵纪守法。

结　语

面对信息时代的洪流和网络大潮的冲刷，“生活互联网”已经深深嵌入了人们的日常。扫一扫、摇一摇、发语音、播视频……网络的广泛普及为人们搭建了一个立体化、交叉式、现实性的社交平台；智能化、数字化的时代让人们过上了一种“新集体生活”，勾勒出多元、多样、多彩的社会生活面貌。生活数字化、网络化、智能化在深刻改变着社会运行逻辑的同时，颠覆式地重构着高校生活的方方面面。

网络作为一种新兴的文化传播载体，正悄然改变着大学生的思想观念、认知模式、行为方式和生活方式，并深刻影响着大学生思想政治教育工作生态环境。网络以其独有的传播特性，如即时性、开放性、互动性等，为广大思想政治教育工作者提供了新的手段、平台和条件，也对大学生思想政治教育工作提出了严峻的挑战。“为谁培养人”的立场不容含糊，“培养什么人”的追问亟待解答，“怎样培养人”的考验随之而至。

站在网络时代的风口上，面对各种价值判断、意识形态、话语系统、审美倾向等在网络环境下交汇、交流与交锋，高校思想政治教育工作者应该做什么？应该怎么做？正是围绕着这样的追问，成为笔者决意撰写本书的初衷和动力。从高校网络思想政治教育的理论依据入手，分析高校网络思想政治教育的过程，探讨高校网络思想政治教育的平台建设、队伍建设和机制建设，总结杭州电子科技大学网络思想政治育人的经验。让高校网络思想政治从“单平台”向“易平台”转变，从“单兵作战”转变为“联合作战”，从“线下办”转变为“线上线下联动办”，从“粗放式”管理转变为“个性化、精准化”管理，积极推动高校网络思想政治教育的科学化、理论化和系统化，让高校网络思想政治教育登上网络的“快车”，在思想政治教育阵地中把“荒漠”变成“绿洲”，开辟出高校网络思想政治教育的新天地。

参考文献

一、经典著作

马克思，恩格斯，2009. 马克思恩格斯文集（第一卷）[M]. 北京：人民出版社.

马克思，恩格斯，2009. 马克思恩格斯选集（第四卷）[M]. 北京：人民出版社.

马克思，恩格斯，2009. 马克思恩格斯文集（第五卷）[M]. 北京：人民出版社.

马克思，恩格斯，2009. 马克思恩格斯选集（第七卷）[M]. 北京：人民出版社.

马克思，恩格斯，2009. 马克思恩格斯选集（第八卷）[M]. 北京：人民出版社.

马克思，恩格斯，2009. 马克思恩格斯选集（第九卷）[M]. 北京：人民出版社.

马克思，恩格斯，2009. 马克思恩格斯选集（第十卷）[M]. 北京：人民出版社.

毛泽东，1991. 毛泽东选集（第一卷）[M]. 北京：人民出

版社 .

毛泽东，1991. 毛泽东选集（第三卷）[M]. 北京：人民出版社 .

邓小平，1993. 邓小平选集（第二卷）[M]. 北京：人民出版社 .

邓小平，1993. 邓小平选集（第三卷）[M]. 北京：人民出版社 .

二、学术专著

习近平，2017. 决胜全面建成小康社会，夺取新时代中国特色社会主义伟大胜利——在中国共产党第十九次全国代表大会上的报告 [M]. 北京：人民出版社 .

中共中央宣传部理论局，2009. 社会主义核心价值体系学习读本 [M]. 北京：学习出版社 .

邱伟光，1988. 思想政治教育学概论 [M]. 天津：天津人民出版社 .

张耀灿，1988. 思想政治教育学原理 [M]. 武汉：华中师范大学出版社 .

李明华，1997. 精神文明建设机制论 [M]. 广州：广州出版社 .

保罗 · 莱文森，2001. 数字麦克卢汉：信息化新纪元指南

[M]. 何道宽，译 . 北京：社会科学文献出版社 .

张耀灿，陈万柏，2001. 思想政治教育学原理 [M]. 北京：高等教育出版社 .

常晋芳，2005. 网络哲学引论 —— 网络时代人类存在方式的变革 [M]. 广州：广东人民出版社 .

张耀灿，郑永廷，骆郁廷，等，2006. 现代思想政治教育学 [M]. 北京：高等教育出版社 .

冯务中，2008. 网络环境下的虚实和谐 [M]. 北京：清华大学出版社 .

张再兴，等，2009. 网络思想政治教育研究 [M]. 北京：经济科学出版社 .

李黎明，2011. 传播学概论 [M]. 武汉：武汉大学出版社 .

骆郁廷，2010. 思想政治教育原理与方法 [M]. 北京：高等教育出版社 .

杨晓玲，曹飞，刘慧卿，2012. 当代网络思想政治教育理论研究与实践创新 [M]. 北京：现代教育出版社 .

姜建成，2008. 科学发展观：现代性与哲学视域 [M]. 南京：江苏人民出版社 .

童世骏，2006. 意识形态新论 [M]. 上海：上海人民出版社 .

张耀灿，陈万柏，1998. 社会主义市场经济条件下思想政

治教育领导研究 [M]. 武汉：华中师范大学出版社 .

蔡克勇，1999. 知识经济与教育创新 [M]. 北京：中国经济出版社 .

徐建军，2010. 大学生网络思想政治教育理论与方法 [M]. 北京：人民出版社 .

李德顺，2007. 价值论 [M]. 北京：中国人民大学出版社 .

陆扬，2008. 文化研究概论 [M]. 上海：复旦大学出版社 .

陆群，1997. 网络中国：网络悄悄改变我们的生活 [M]. 北京：兵器工业出版社 .

谢海光，2000. 互联网与思想政治工作概论 [M]. 上海：复旦大学出版社 .

李毓秋，1999. 心理学原理与应用 [M]. 北京：经济科学出版社 .

陈晓开，袁世佩，1999. 数字化成长——网络时代的崛起 [M]. 大连：东北财经大学出版社 .

宋元林，2012. 网络思想政治教育 [M]. 北京：人民出版社 .

张天宝，2001. 主体性教育 [M]. 北京：教育科学出版社 .

周昌忠，1999. 普罗米修斯还是浮士德——科技社会的伦理学 [M]. 武汉：湖北教育出版社 .

邱柏生，2009. 高校思想政治教育的生态分析 [M]. 上海：

上海人民出版社 .

竺乾威，邱柏生，顾丽梅，2002. 组织行为学 [M]. 上海：复旦大学出版社 .

沈壮海，2005.. 思想政治教育的文化视野 [M]. 北京：人民出版社

张光慧，2009. 大学生网络思想政治教育机制创新研究 [M]. 北京：中国言实出版社 .

方文，王森，王继全，2009. 社会主义荣辱观教育的理论与实践 [M]. 昆明：云南人民出版社 .

方文，2012. 思想政治教育机制创新研究——以马克思主义宗教观为视域 [M]. 昆明：云南人民出版社 .

杨晓玲，曹飞，刘慧卿，2012. 当代网络思想政治教育理论研究与实践创新 [M]. 北京：现代教育出版社 .

保罗・库尔茨，1998. 保卫世俗人道主义 [M]. 北京：东方出版社 .

马斯洛，1987. 存在心理学探索 [M]. 李文湘，译 . 昆明：云南人民出版社 .

苏霍姆林斯基，1983. 帕夫雷什中学 [M]. 赵玮，等，译 . 北京：教育科学出版社 .

西奥多・罗斯扎克，1994. 信息崇拜——计算机神话与真正的思维艺术 [M]. 陈体仁，译 . 北京：中国对外翻译出版

公司 .

理查德·斯皮内洛，1999. 世纪道德——信息技术的伦理方面 [M]. 北京：中央编译出版社 .

刘建军，2016. 寻找思想政治教育的独特角度 [M]. 北京：中国人民大学出版社 .

何历宇，2017.《黑格尔法哲学批判》导读 [M]. 北京：中国民主法制出版社 .

孟宪生，客洪刚，2018. 全国高校思想政治理论课方法改革年度发展报告 [M]. 北京：高等教育出版社 .

孙爱春，牛余凤，2018. 思想政治教育原理与方法 [M]. 北京：光明日报出版社 .

沈壮海，王晓霞，2018. 中国大学生思想政治教育发展报告 [M]. 北京：北京师范大学出版社 .

唐亚阳，2016. 网络思想政治教育学 [M]. 北京：人民出版社.

三、学术论文类

刘强，刘红芹，2018. 新媒体实践与高校思想政治教育传播体系建设 [J]. 学校党建与思想教育（20）.

曹培杰，余胜泉，2012. 数字原住民的提出、研究现状及未来发展 [J]. 电化教育研究（4）：22.

曾令辉，2011. 网络思想政治教育方法研究——论网络思想政治教育方法内涵及其体系构建 [J]. 广西师范学院学报 (哲学社会科学版)(2)：85.

代金平，等，2009. 自由与规范：网络文化的基本价值冲突 [J]. 西南大学学报 (2) .

朱燕，2017. 大数据背景下大学生思想政治教育工作面临的挑战及对策 [J]. 学校党建与思想教育 (6) .

冯刚，2015. 新形势下推动高校网络文化建设的思考与实践 [J]. 思想教育研究 (8)：3-5.

冯刚，2013.以问题为导向推进思想政治教育创新发展 [J]. 思想教育研究 (6)：3-7.

张瑜，2013. 社会网络视角下的网络思想政治教育模式探析 [J]. 学校党建与思想教育 (1)：21-23.

冯刚，骆郁廷，2014.思想政治教育学科发展 30 年的回顾与展望 [J]. 思想理论教育导刊 (7)：33-42.

吴潜涛，张新桥，2014. 思想政治教育学科内涵与定位研究综述 [J]. 思想教育研究 (5)：3-15.

沈漫，夏文芳，2014. 提高“易班”用户粘性的工作策略研究 [J]. 思想理论教育 (8)：81-84.

冯刚，2014. 创新网络思想政治教育的几点思考 [J]. 学校党建与思想教育 (5)：4-6.

袁久红，2014. 以社会主义核心价值观统领思想政治理论课教学改革论略——以“马克思主义基本原理概论”课为例[J]. 思想理论教育 (9)：66-70.

许苏明，2014. 论思想政治教育的话语转换 [J]. 东南大学学报 (哲学社会科学版)(2)：5.

骆郁廷，高飞，2015. 大学生思想认识活动的特殊性及其引导 [J]. 思想理论教育导刊 (7)：115-220.

张瑜，2016. 思想政治教育视域下大学生社交网络的特性研究 [J]. 学校党建与思想教育 (19)：14-17.

骆郁廷，2016. 吸引、判断、选择：网络思想政治教育的关键词 [J]. 马克思主义研究 (11)：120-131.

骆郁廷，2016. 论网络思想政治教育的主体与客体 [J]. 马克思主义与现实 (2)：7.

冯培，2015. 对象化 分众化 互动化——谈谈大学生思想政治教育话语体系的转化与创新 [J]. 北京教育 (德育)(11).

冯培，2016. 再论提升宣传思想教育吸引力的“时、度、效”[J]. 北京教育 (德育)(5).

冯刚，王振，2016. 学习习近平总书记关于思想政治工作新论述探索大学生思想政治教育创新发展理路 [J]. 学校党建与思想教育 (21)：4-7.

曹文泽，2016. “互联网 + 思想政治教育”模式的实践和创新——对高校“易班”网络思想政治教育的探索和思考 [J].

社会科学家(12)：8-10.

冯培，2017. 思想政治教育该如何面对今天的95后 [J]. 北京教育(德育)(1).